Entfalte

dein Potenzial

durch Nutzung deiner

Talente & Stärken

Dieses Buch widme ich

allen Menschen auf dieser Welt !

Möge euch dieses Buch zum Entfalten
eures enormen Potenzials dienen…

Satz- und Covergestaltung: Carmen C. Haselwanter

Carmen C. Haselwanter

Entfalte dein Potenzial durch Nutzung deiner Talente & Stärken

Du bist großartiger, als du denkst!

Wertvolle Tipps zur sofortigen Umsetzung

Bibliografische Information der Deutschen Nationalbibliothek
Die Deutsche Nationalbibliothek verzeichnet diese Publikation
in der Deutschen Nationalbibliografie; detaillierte bibliografische Daten sind
Internet über http://dnb.d-nb.de abrufbar.

ISBN: 978-3-907151-06-8

Inhaltsverzeichnis

Vorwort

Lieber Leser

Gratulation dafür, dass du dich um dein Wohlbefinden kümmerst. Sich um sich selbst zu sorgen, darauf zu achten, dass du dir das Beste gönnst und zukommen lässt, ist eine wichtige Sache! Du bist DU in deiner ganzen Pracht. Das gilt es mit Pflichtbewusstsein und Achtsamkeit in bester Manier zu pflegen: **Dich, dein Bewusstsein, Handeln und Denken.** *Du bist dir selbst am nächsten und obwohl du viele Menschen um dich hast, die sich um dich sorgen, bist einzig allein du die Person die effektiv den Weg geht. Dass du darum bemüht bist, den besten Weg zu gehen, mit hoch erhobenem Kopf und stolzen Ausdruck ist phantastisch und bereits Ausdruck deines Potenzials, dass in dir steckt.*

Dies ist ein sehr persönliches Buch mit dessen Fragen darin ich dich, dein Herz und Seele direkt anspreche. Aus diesem Grund habe ich das Buch in der saloppen „Du-Form" geschrieben. Gemeinsam werden wir die nächsten Stunden, Tage und Wochen verbringen und wenn du mich als wohlgesinnten Freund siehst, wird das Erarbeiten leichter sein. Ich möchte dir mit dieser Anrede nicht zu nahetreten und hoffe sehr, dass du dies weder als frech noch als Anmaßung wahrnimmst. Du wirst aber sehen, dass sich die Texte in der Du-Form viel leichter lesen lassen und von dir die persönlichen Fragen leichter beantworten lassen.

Hat dich dieser Titel direkt angesprochen? Hast du dich in deinem Innersten gefragt, von welchem Potenzial da gesprochen wird? Du bist der Meinung, dass du selbst über wenig bis gar kein Potenzial verfügst. Eventuell fragst du dich, von welchen Talenten und Stärken hier die Rede ist. Denn du selbst glaubst nicht wirklich, dass du weder über großartige Stärken noch eindrücklichen Talenten verfügst.

Gut, dass du dieses Buch in deinen Händen hältst. Egal ob du das Buch nun geschenkt bekommen hast, von einem lieben Menschen dem dein Leben wichtig ist oder ob dich dieses Buch im Buchhandel oder auf Internet angezogen hat und du deshalb gekauft hast.

Wichtig und entscheidend ist, dass du dieses Buch nun vor dir liegen hast und bereits interessiert diese Zeilen liest.

Lass mir dir dazu gratulieren! Darauf, dass du den Schritt in deine Potenzial Entfaltung gehst. Intuitiv weißt du, dass es da noch einiges mehr zum Entdecken, Entfalten, Erleben gibt. Und genau so ist es! Dein Instinkt lehrt dich, dass dein Leben noch vieles mehr zu bieten hat. Den 1. Schritt bist du bereits gegangen, indem du dich entschieden hast, dein Leben in deine Hände zu nehmen und Schritte, Wege der Veränderung zu gehen. Das macht dir Angst? Du fühlst dich unwohl dabei? Keine Bange… Alles ist im Lot! Alles ist, wie es sein soll.

Mach aus deinem Leben – egal wie alt du bist – ein einzigartiges Kunstwerk, auf das du jederzeit stolz bist. Es liegt ganz bei dir, wie dein Leben als Kunstwerk aussieht. Natürlich fällt dies nicht vom Himmel, sondern du musst dir das erarbeiten. Schritt für Schritt wirst du beim Durcharbeiten dieses Buches erkennen, was für ein großes Potenzial in dir schlummert und wie du dies mit Nutzung deiner Stärken und Talente einsetzt, um ein erfülltes Leben zu führen.

Dazu lege ich dir ans Herzen, dass du die Aufgabenstellungen guten Gewissens dir selbst gegenüber ehrlich beantwortest. Dies ist entscheidend für den Erfolg. Statt das Buch in einem durchzulesen, rate ich dir sehr, dass du stattdessen die Kapitel durcharbeitest und die Lektionen Schritt für Schritt beantwortest. Dies mit voller Freude, Neugierde und Tatendrang.

Nimm' somit meine Hand und lass uns gemeinsam auf die spannende Erkundungsreise gehen, bei welcher wir dein Potenzial auf den Spuren kommen und mit Einsatz deiner wundervollen Talenten & Stärken zur Entfaltung bringen.

Ich wünsche dir von ganzem Herzen ganz viel Spaß beim Lesen und Durcharbeiten dieses Buches. Aber vor allem viel Kraft und Power, auf dass du dein Leben in deiner gänzlichen Entfaltung lebst. **Du bist der Meister deines Lebens. Sei es dir selbst wert!**

Alles Liebe und Gute – Deine

Warum ist dieses Buch hilfreich?

Tausende von Büchern werden jährlich veröffentlicht. Ein Teil der Bücher behandelt Sachverhalte, die erklären und erläutern. Die anderen Bücher berühren Menschen mit ihren Inhalten. Dieses Buch hat den Zweck beides zu tun. Dir einerseits verschiedene Perspektiven aufzuweisen und andererseits dein Herz zu berühren.

Was macht dieses Buch lesenswert?
Eine gute Frage! Hand aufs Herz… in unserer heutigen Zeit ist ZEIT ein wertvolles Gut. Wie du damit umgehst, ist somit entscheidend. Denn **gut investierte Zeit ist die halbe Miete**.

Du fragst dich somit, warum du dieses Buch lesen solltest? Warum du deine eng begrenzte Zeit in diese Zeilen investieren solltest? Ganz einfach und zugleich selbstsprechend: **Weil es dir dein Herz, deinen Geist und dein Verständnis dir selbst gegenüber und deinem Umfeld gegenüber öffnen wird.**

Du öffnest somit die Tür zu neuen Wegen, die dir neue Menschen, Ereignisse und Begebenheiten bringen werden. Na und das ist es doch mehr als wert, Zeit in das Lesen und Durcharbeiten dieses Sachbuches zu investieren, nicht wahr? Zumeist laufen wir Menschen wie gesteuert und fremdbestimmt durch die Gegend und merken gar nicht, dass wir gar nicht das machen, was uns eigentlich wichtig ist. Dabei wird unserer emotionalen Seite zumeist recht wenig Beachtung geschenkt, wobei doch genau die Liebe an sich das ist, was wir uns allesamt am nächsten wünschen.

Dieses Buch wird dich dabei unterstützen, das zu bekommen was du dir wünschst. Ach du weißt gar nicht, was du dir wünschst? Auch dabei wird dir dieses Buch helfen. Mit klar durchdachten Fragen wirst du in die Tiefen deiner Wünsche geführt und wirst erkennen, was dir wichtig ist.

Für wen ist dieses Buch gedacht?

Dieses Buch ist für Menschen gedacht, die auf der Suche nach ihrem Potenzial, ihren Talenten und Stärken sind. Gehörst du zu jenen Menschen, die glauben, dass sie über keine Stärken und Talente verfügen? Du erinnerst dich, wie dir eine Lehrerin vor der ganzen Klasse gepredigt hat, dass du ein untalentierter Maler bist und ebenso wenig über ein musikalisches Gehör verfügst und du dir nichts mehr gewünscht hast, als dass du dich in einem Loch verstecken kannst. Dabei haben sich deren Worte wie ein Brandmahl in dein Gedächtnis, in dein Herz geprägt.

Dieses Buch ist für jene Menschen gedacht, die herausfinden wollen, wo ihre Stärken und Talente liegen, wider all der Sprüche und Meinungen der Menschen in ihrem Umfeld, die unentwegt behaupten, dass sie über keine besonderen Fähigkeiten und Begabungen verfügen.

Wenn du bereit bist, neue Wege zu gehen, dich deinem Innersten zu stellen, uneingeschränkt den gesagten Worten und Erlebnisse, dich bis anhin davon überzeugt haben, dass du nichts Besonderes bist, dann ist dieses Buch bestens geeignet für dich.

Es ist auch gänzlich egal, wie alt du bist.
Immer wieder höre ich den Satz: *„Ich bin doch schon viel zu alt? Was soll ich mit meinen 78 Jahren noch bewirken können?"* Vieles! Unendliches! Unvorstellbares! Lass dich deshalb nicht von deinem Alter in die Ecke zwängen. Ganz im Gegenteil. Mit deiner Lebenserfahrung und Lebensweisheit kannst du zusammen mit deinen neu entdeckten Stärken und Talenten extrem viel bewirken, verändern und in die Wege leiten.

Deshalb: **Es ist nie zu spät, um deinen Stärken und Talenten zu entdecken und diese zu nutzen, um ein erfülltes und glückliches Leben zu führen.**

Somit kurz gesagt: Dieses Buch ist für alle Menschen jeden Alters und Kultur gedacht, die bereit sind, sich selbst neu kennenzulernen, neues über sich zu erfahren, bereit sind, über ihren eigenen Tellerrand zu blicken und alte Gedankenmuster und Programme hinter sich zu lassen.

Sich selbst unvoreingenommen, jungfräulich und neugierig zu begegnen...

...eröffnet dir eine völlig neue Seite deines Selbst. Du wirst in dir Gedanken, Wünsche und Regungen erleben, die dir bis anhin gänzlich neu oder ansatzweise bekannt vorkommen.

Dieses Buch ist für Menschen geeignet, die bereit sind, sich selbst neue Wege einzugestehen! Gehörst du dazu? Bist du einer jener, die sich diesem neuen Kapitel in ihrem Leben stellen wollen?

Was ist das Ziel dieses Buches?

Das Ziel dieses Buch ist es, Menschen dabei zu helfen, ihr Potenzial zu entfalten. Was gibt es Erfüllendes, als sein Potenzial zu erkennen, zu wecken und zu nutzen?

Mit Potenzial sind die Fähigkeiten und Eigenschaften von Menschen gemeint, die diese von Geburt an in sich trägt. Diese individuellen Begabungen sind unweigerlich in ihren Genen und warten nur darauf von dem Besitzer genutzt und aktiviert zu werden.

Diese Kraft, diese Power, dieses Vermögen ist ein wahrer Schatz den es zu bergen und zu nutzen gilt.

Auch du verfügst über dieses herrliche Potenzial, dass darauf wartet von dir entdeckt und aktiviert zu werden. Mit diesem Buch werden wir gemeinsam auf Entdeckungsreise gehen und zusammen in deine tiefe Hölle des Verborgenen vorstoßen. Gemeinsam werden wir Stein für Stein dein verborgenes Potenzial lösen und somit Schritt für Schritt Licht ins Dunkle bringen.

Klar vorweg: **Du verfügst über ein großes Potenzial!** Auch wenn du diese Worte mit Skepsis und Unglauben liest, so sei dir bewusst, dass dies so ist und nimm' dies dankbar und mit enormer Freude an.

Dein Potenzial ist eine wunderbare Sache, die dir in die Wiege gelegt wurde. Deine bisherigen Umstände ließen dieses Wunderwerk und Wissen nicht entfalten. Aber nun bist du kurz davor, dass du diese Grenzen durchbringst und mit Elan, Engagement und Einsatz losstürmst, um dich mitsamt deinen ganzen Ressourcen dein Potenzial entfalten lässt.

Schluss mit der Opfer-Rolle-Strategie!

Viele Menschen bedauern sich selbst enorm & zeigen mit Neid und Unwohl auf die anderen, die soviel mehr Gaben erhalten haben und – so glauben sie - viel mehr Glück haben als die eigene Person. Sie fühlen sich als Opfer ihrer Umstände, glauben felsenfest, es wäre alles besser, wenn sie nur wo anders geboren wären, eine andere Familie gehabt hätten oder schlichtweg anders aussehen würden.

Wenn du dich in diesen Worten wiedererkennst, dann sei dir bewusst, dass du in der Opferrolle festhängst. Dabei drehst du dich im Kreis, kontinuierlich wie im Hamsterrad und schaffst es nur schwer, dich aus den Krallen der Opferrolle zu bewegen. Derweilen beginnt es genau dort: In dem Erkennen, dass du einzig und allein in einer eigenen kreierten Falle festhältst und befindest.

Schluss damit! Diese Rolle ist nichts anderes als ein Energiefresser, ein negativer Sog der dich täglich mehr in die Passivität zieht und fern deiner Möglichkeiten drängt.

Das Wahrnehmen und Erkennen dieser Situation, ist der 1. Schritt aus dieser hartnäckigen Falle, dem ein harmonischer Lauf der Dinge am Ende des Tunnels erkennen lässt.

Der Beginn dessen hängt entscheidend von dem Entschluss ab, sich fortan nicht mehr der Opfer-Roller-Strategie zu ergeben, sondern stattdessen selbst die Zügel in die Hände nehmen, um das Rad in eine neue Richtung zu lenken. Es liegt gänzlich in jedem seinem Entscheidungsrahmen. Das ist das Wundervolle daran:

Du entscheidest und du gehst in die neue Richtung.

Wer steckt hinter dem Namen Carmen C. Haselwanter?

Als gebürtige Österreicherin verließ ich mit 17 Jahren mein behütetes Heim in den Tiroler Bergen um in London meine ersten Auslands-erfahrungen zu machen. Eine spannende Zeit begann in der ich meinen Forschungsdrang und Kommunikationsbegabung entdeckte. Zudem empfand ich es faszinierend, mich mit Menschen jeglicher Kultur, Alters und Herkunft auseinanderzusetzen. Dabei erlebe ich seitdem das Erlernen der jeweiligen Sprache als eine enthusiastische Herausforderung. Seitdem ich 1987 meine Heimat verließ, lebe ich im Ausland, bewohnte zig Herrenländer und beschäftigte mich stets mit Menschen. Ich begann Menschen zu studieren, lauschte wissbegierig ihren Geschichten, Erlebnissen, Lehren und lernte bei jedem Wort. Die damit verbunden unterschiedlichen kulturellen Komponenten erlebte ich als lehrreich und weisend.

Lernen und lehren ist eine Passion die ich seit vielen Jahren ausübe. Sei dies als Coach, Geschäftsführerin, Unternehmerin, Creative Managerin, Fotografin, Künstlerin und als Schriftstellerin! **Allen voran als Mensch der stets dem Seelenruf folgt!**

Wie entdeckte ich - die Autorin - mein Potenzial?

Ich gehöre zu den Menschen, die Bücher schon seit Kindheit „verschlingen" und dadurch viel Wissen aus dem geschriebenen Wort mitnahm. Mein Entschluss bereits mit 17 Jahren die unbekannte Welt zu bereisen, tat seines dazu. Ich trat somit schon in jungen Jahren aus meiner Komfortzone und begab mich neugierig, wissbegierig und unvoreingenommen über meinen Tellerrand und lernte eine Welt kennen, die einem alles bot.

Dabei ermöglichten mir meine vielen Reisen und Arbeitseinsätze in den vielen Ländern, dass ich mich stets in meiner Entwicklung entsprechend neu präsentierte und gleichzeitig weiterentwickelt neu erfand. Eine unglaublich wertvolle Erfahrung, die stets aufs Neue jeweils ein Stückchen mehr von meinem Potenzial freigab.

Mein vielseitiges Leben war zudem durch die Tatsache geprägt, dass ich mich zumeist allein auf die neuen Wege machte. Ohne Freunde und ohne Partner. Dieser Weg der Einsamkeit lehrte mich sehr viel über mich und tut es nach wie vor. Die Stimmen des eigenen Zweifels gepaart mit den motivierenden Zusprüchen meiner selbst überwiegten stets. Denn als Mensch, der sich offen und unvoreingenommen auf Neues einlässt, sind motivierende Worte aus den eigenen Sphären das Benzin für seinen Motor.

Ein weiteres entscheidendes Handeln ist meine Neugierde stets neues auszuprobieren, Grenzen zu überschreiten und mich und mein Sein stets aufs Neue zu überprüfen. Dabei habe ich durchwegs vieles über mich selbst erfahren, viele Überraschungen erlebt und mich selbst verblüfft. Herrlich!

… und nicht zu vergessen! Ich habe es mir auch selbst stets erlaubt, Dinge die mir nicht gefielen oder zusagten, als *„erledigt"* abzuhacken und gehen zu lassen. Sprich loszulassen. Anstatt mich mit Dingen auseinanderzusetzen, wo meine Passion brachlag, wendete ich mich lieber Aktionen und Aktivitäten zu, wo meine Passion geweckt wurde und ich dadurch mein Potenzial freie Fahrt liess!

Warum habe ich dieses Buch geschrieben?

Viele Menschen suchen jahrelang – ja wenn nicht sogar ihr ganzes Leben – nach der Entfaltung ihres Potenzials. Zumeist wissen sie gar nicht, nach was sie suchen, aber sie wissen, dass etwas entscheidendes fehlt. Nicht selten stellen sich Menschen die berühmte Frage: *„War das wirklich schon alles?"* Sie spüren in sich den Drang, die ungestillte Sehnsucht nach mehr, wissen aber nicht genau, was dieses Gefühl der Leere genau ist.
Meine eigenes Leben lehrt mich zu diesem Thema sehr viel. Ich

bezeichne mich als Glückskind, da ich schon in frühem Alter die Chance am Schopfe packte, mich den unendlichen Möglichkeiten, die das Leben bietet, zu stellen. Meinen Eltern zum Dank, die meinen inneren Ruf nach dem Leben förderten, indem sie mich nicht bremsten sondern gänzlich unterstützten. Ich weiss, dass vielen Menschen dieser Weg des Lernens verwehrt bleibt, u.a. auch deshalb, da sie es nicht wagen sich mit eigener Kraft aus diesem Hamsterrad zu bewegen.

Mit diesem Buch möchten ich Menschen Mut machen, über ihre eigenen Grenzen zu steigen und sich aus ihrer Komfortzone zu bewegen. Denn nur wenn du aus deinem bekannten Bereich steigst, wirst du dich in deiner Entfaltung neu begegnen und erreichen.

Für wen habe ich dieses Buch geschrieben? Für *alle Menschen dieser Welt*! Es ist ein Geschenk an das wunderbare Geschöpf, das so viel wunderbare Stärken und Talente in sich trägt, mit deren sie ihr unvorstellbares Potenzial gänzlich ausleben kann und dadurch viel an ihr Umfeld und die Welt geben kann.

Mit dem erkannten und gelebten Potenzial eines jeden Menschen ist der Nährboden gesät, mit welchen der Mensch - egal seines Alters, Herkunft und Geschichte - vieles zu erwirken, Gutes zu tun, Neues zu gestalten und Positives umzusetzen.

Dient dieses Buch auch als Geschenk?
Ja! Ganz nach dem Motto: *„Je mehr Menschen dieses Buch lesen, desto mehr positive Veränderung wird es bewirken"*.

Die Welt zu einer besseren zu machen, beginnt damit Wissen weiterzugeben. Das Verschenken von Büchern ist dabei durchaus hilfreich. Ich persönlich liebe Bücher und verschenke diese sehr gerne. Ich habe stets eine gute Qualität und Quantität von Büchern im Vorrat und habe je nach Situation ein Buch griffbereit um dies weiterzureichen.

Was gibt es Schöneres als Wissen weiterzugeben? Ob dieses Buch nun als ein Geschenk wertvoll ist, hängt von dem Empfänger seiner Einstellung ab. Meiner Meinung nach ist dieses Buch für Teenager sowie auch für Pensionisten gleichwohl als ein Geschenk geeignet.

Kein Mensch ist zu jung oder zu alt um zu lernen, geschweige denn zu lieben. Sobald wir als Baby den Mutterleib verlassen, ist das Lernen ein unverzichtbarer Teil unseres Lebens. Obwohl die Gesellschaft dazu neigt, der älteren Generation diese Notwendigkeit als nicht mehr relevant abzuerkennen, ist es gerade für die älteren Menschen umso wichtiger sich täglich mit dem Lernen auseinanderzusetzen. **Nur wer täglich lernt, bleibt im Geist und Körper wach und jung.**

Somit kann ich dazu raten, dass du dieses Buch weiter verschenkst. Es ist durchaus kein 0815 Buch. Es mag auch passieren, dass die beschenkte Person mit gewissen Buchabschnitten nicht übereinstimmen. Ja und? Lass dies als Schenkender nicht an dich rankommen. **Du gibst Wissen weiter!** Das ist äußert löblich. Dazu möchte ich dir gratulieren! Menschen die Möglichkeit bieten ihre Perspektive zu ändern, zu erweitern und dadurch ihre Sichtweisen zu vergrößern, ist eine große ehrenvolle Tat. Wissen macht das Leben besser, bunter, breiter und erweitert enorm die Perspektiven.

Wissen ist Macht!

Bedenke dabei stets, dass nur genutztes und eingesetztes Wissen verändert. Das brachte Goethe mit dem Satz wie folgend auf den Punkt: *„Es ist nicht genug zu wissen – man muss es auch anwenden."*

Was nimmst du als Lektion, als Fazit aus diesem Kapitel mit?

_____

_____

Meine 5 wichtigsten Erkenntnisse aus diesem Kapitel sind:

20

Nutze das Gelesene zu deinem Wohl

Täglich lesen wir am Tag zig Artikeln, Texte, Emails und vieles mehr. Nehmen das Gelesene wahr und machen uns schon auf uns mit der nächsten Fülle an Informationen zu überrollen. Gerne lade ich dich dazu ein, dass du diese Buchinhalte eine höhere Aufmerksamkeit zuwendest, als nur ein beiläufiger Text, mit welchen du dich grad in diesem Moment auseinandersetzt. Als Autorin ist es mir wichtig, dass du für dich so viel wie möglich mitnimmst. Aus diesem Grund ist es ideal, wenn du dieses Buch als eine Art Arbeitsbuch verwendest, in welches du deine Gedanken, Ideen und Eindrücke grad direkt reinschreibst. Gelesenes ist länger in dir verankert, wenn du dieses sofort niederschreibst oder in einer anderen Form hervorhebst.

Wie gehst du am besten mit diesem Buch um?
Du hältst ein **Sach-, Informations-** und **Arbeitsbuch** in deiner Hand. Deshalb lade dich dazu ein, dass du dies aktiv nutzt. Stelle dich den Fragen und Übungen! Es ist dein ganz persönliches Arbeitsbuch.

**Notiere deine Gedanken, markiere Textpassagen,
füge am Rand deine Notizen hinzu.**

Nutze dieses Werk dazu, dass du dich damit neu kennenlernst. Es ist die beste Art und Weise um all die Essenz herauszuholen, indem du dich der Fragenstellungen kritisch stellst, die Übungen aktiv durchführst und du deine Antworten direkt in das Buch schreibst. In dieser Form holst du dir die besten Inputs und Nutzen heraus.

Achte darauf, dass du das Buch nicht in einem durchliest. Da es sich um ein Arbeitsbuch handelt, solltest du dir die Zeit nehmen, um es zeitgerecht durchzuarbeiten. Dies bedarf Zeit. **Nimm dir die Zeit!**

Highlighter in Aktion

Dazu eignet es sich bestens, wenn du beim Durcharbeiten jeder Textpassage direkt einen **Bleistift, Radiergummi** und **Leuchtmarker** parat hast. Dadurch kannst du für dich wichtige Texte durch die Verwendung von Leuchtmarker hervorheben.

Der Bleistift dient dazu um am Rand Notizen und Gedanken von dir festzuhalten sowie gleichzeitig die Fragenpassagen mit deinen Antworten zu füllen. Ich ziehe den Bleistift einem Kugelschreiber vor, da ich dadurch die Möglichkeit habe, Wörter auszutauschen.

Durch das Hervorheben und das Hinzufügen von deinen eigenen Gedanken und Notizen personalisierst du dieses Buch und machst es ganz zu deinem Werk.

**Ich habe das Buch für dich geschrieben.
Ja genau... für dich!**

Und ich lade dich herzlichst dazu ein, dieses Buch so zu verwenden, dass du das Meiste für dich daraus holen kannst. Es ist dein Sachbuch, dein persönlich abgestimmtes Arbeitslehrbuch, durch welches du dich besser kennenlernen wirst.

Suche dir die für dich wichtigsten Aussage heraus

Zudem ist es enorm hilfreich, wenn du dir von Anfang aneignest, dass du dir aus den zwei vor dir liegenden Seiten stets **deine für dich wichtigste Aussage heraussuchst**. Indem du dir diese zudem am oberen rechten Rand hinschreibst, hast du diese Erkenntnisse für dich grad auf einem Blick immer sichtbar.

Jeder Mensch fühlt sich durch etwas anderes angezogen. Du wirst sehen, dass sich die Wichtigkeit der Aussagen im Laufe der Zeit verändern wird. Das ist normal und widerspiegelt den Lauf der Zeit. Was gestern für dich noch wichtig war, hat heute an

Wichtigkeit verloren. Entscheidend ist, dass dich das damals Bedeutungsvolle in deiner Entwicklung zu deinem heutigen Sein unterstützt hat. Insofern hat alles seine Wichtigkeit und Sinn. **Widme und schenke diesen Zeichen deine Aufmerksamkeit.**

Festhalten deiner lehrreichen Leitsätze

Am Ende von jedem Kapitel ist eine Seite für dich reserviert, auf welche du deine für dich **5 wichtigste Leitsätze** notieren kannst, die auch Merksätze darstellen.

Dies hilft dir die Quintessenz jedes Kapitels herauszukristallisieren. Sobald du am Ende des Buches angelangt bist, notierst du alle Leitsätze, die du am Ende von jedem Kapitel festgehalten hast individuell auf A5 Kärtchen. Diese Kärtchen platzierst du anschließend an Plätzen, mit denen du täglich mehrmals in Kontakt kommst. Wie auf dem Badezimmerspiegel, auf den Kühlschrank, in deinem Auto und an deinem Arbeitsplatz. **Liese dir diese Merksätze mehrmals am Tag durch und mache dir deine Gedanken dazu.**

Zudem ist es sehr hilfreich, wenn du jeden Tag eine Karte mit dir mitführst und du dich expliziert mit diesem Leitsatz auseinandersetzt. Diese Aktionen fördern deine Entwicklung, dein Wachstum und dein Potenzial.

Führe ein Potenzial-Notizbuch

Geschriebene Worte haben viel mehr Kraft, Energie und Magie. Aus diesem Grund empfehle ich dir, dass du dir ein Notizbuch holst, in welchen du all deine wichtigen Informationen, die du während dem Durcharbeiten dieses Buches mitnimmst.

Sei dies aufgrund deren Inhalte so auch jene Ergebnisse, die sich Unterteile dir das am besten indem du diese nach deinen für dich wichtigen Kriterien erstellt. Bei mir sind das die Bereiche: **Erkenntnisse, Tipps, Gedanken dazu, meine Entscheidungen,**

Diamanten und Resultate.
Durch die konsequente Nutzung und Niederschreiben deiner Erfahrungen, hältst du diese durch das Notieren fest und gewinnst dadurch weitere wichtige Erkenntnisse.

Sehr nützlich ist zudem ein Stärken-Tagebuch

Am Ende des Buches findest du die Vorlage einer Seite deines Stärken-Tagebuches, in welches du täglich die wichtigen Punkte schriftlich durchgehst und festhältst. Deine tägliche Auseinandersetzung mit diesen Fragen wird dich in deiner Stärken Entwicklung und Wahrnehmung sehr viel weiterbringen.

Zudem rate ich dir, dass du in einen Jahreskalender täglich in einen knackigen Satz deine Haupterkenntnis in Bezug auf deine Potenzials Entfaltung festhältst. Mit dieser Methode hast du bei konsequenter Führung innerhalb von 12 Monaten weit über 300 wertvolle Erkenntnisse. Nicht nur zeigen dir diese Einträge wie der Verlauf deiner Entwicklung ist, sondern du sammelst zudem lehrreiches Wissen und KnowHow.

Du kreierst damit dein wertvolles persönliches Erkenntnisbuch.

Gehe diszipliniert vor
Ja unverzichtbar ist die deine **Disziplin**, deine **Eigeninitiative, Konsequenz** und **Arbeit**. Ein jeder Bodybuilder wird dir bestätigen, dass ohne sein tägliches diszipliniertes Training der Muskelaufbau keinen Fortschritt zeigt. Das heißt für dich:

Ohne Fleiß kein Preis!

Allerdings wirst du sehen…
Wenn du einmal damit begonnen hast und kontinuierlich, diszipliniert dranbleibst, dieses Tun in deinen Alltag integriert hast, wirst du es vermissen, wenn du es nicht tust. Somit sei offen dafür. **Nimm dir die Zeit in dich zu investieren!**

Alle Arbeiten, die du in dich investierst, kommen dir und deiner Entwicklung zugute!

Lernen ist ein Geschenk

Egal wie alt du bist, der Mensch ist mit seinen Fähigkeiten und Talenten so kreiert, dass er ab dem Beginn seiner Existenz immer und überall mit dem Lernen auseinandersetzt.

Was für eine wundervolle Gabe wir da in unseren Genen bekommen haben. Halte dir diesen Leitsatz stets in deinen Gedanken:

**Du bist eine Summe dessen,
was du in deinem Leben lernst.**

Etwas Neues zu Lernen bedeutet neue Wege zu gehen, neue Welten eröffnen sich, Unbekanntes kommt zum Vorschein und neue Passionen werden geweckt. Ganz nach dem Motto:

Lernen ist die Essenz des Lebens!

Nimm' dies als Vergnügen und Geschenk an. Viel Spaß! Welche Erkenntnisse nimmst du aus diesem Kapitel mit?

_____

_____

_____

Meine 5 wichtigsten Erkenntnisse aus diesem Kapitel sind:

Allegra, wer bist du denn?

Jeder kennt diese Szene: Auf einer Party oder bei einem Essen triffst du auf eine unbekannte Person und automatisch stellst du dich mit deinem Namen vor: *„Hallo, ich bin… Freue mich dich kennenzulernen!"* Während du dessen Hand schüttelst, blickst du in die Augen des Unbekannten und frägst dich gedanklich: *„Wer dies wohl ist?"* Sei dir gewiss, auch dein Gegenüber stellt sich diese Frage über dich!

Wie würdest du dir selbst diese Frage beantworten: *„Wer bin ich? Was macht mich aus?".* Hast du dir darüber schon ernsthaft Gedanken gemacht? Oder neigst du dazu, diese Frage unwirsch vom Tresen zukämen, während du dich anderen Fragen zuwendest?

Egal wie du dies bisher gehandhabt hast. Gerne möchte ich dich dazu einladen, dass du dich nun diesen Fragen stellst. Wage den Blick in den Spiegel und erkenne dich selbst wertfrei und neugierig. Dieser Weg zur Selbsterkenntnis ist ein wichtiger und entscheidend für ein Leben gefüllt mit Glück und Zufriedenheit. Dieser beginnt mit dem Entscheid selbstbestimmt durchs Leben zu schreiten und dabei gezielt fokussiert nach vorne zu blicken!

Was ist deine Aufgabe auf dieser Erde?

Ich weiß, eine sehr direkte und nicht minder ernsthafte Frage, mit welcher ich dich da gleich als erster konfrontiere. Und genau mit jener Frage will ich dich aus deiner Reserve locken. Wir alle sind Teil eines Großen und jeder einzelne von uns gibt seinen Beitrag dazu. Sich selbst diese Frage zu stellen und darüber Gedanken zu machen, ist der erste Schritt, um sich seiner Größe und Wichtigkeit bewusst zu werden.

Deshalb bitte ich dich nun folgende Fragen zu beantworten: *Warum glaubst du wurdest du geboren? Was glaubst du ist deine Aufgabe auf dieser Erde?*

_____

_____

_____

Wie erging es dir bei dem Beantworten dieser Fragen?

1. Option: Du konntest die Fragen ohne Zögern beantworten.
2. Option: Du scheutest dich, deine Gedanken niederzuschreiben.
3. Option: Dir fiel gar nichts ein!

Falls du alle Fragen sogleich beantworten konntest, dann gratuliere ich dir dazu! Du gehörst zu den wenigen 7% die sich dieser Fragen schon im Vorfeld gestellt haben. Bravo!

Wenn du allerdings in lückenhafte oder gar leere Zeilen des Antwortfeldes blickst, dann sei dir gewiss, dass dies nichts Ungewöhnliches ist. Du gehörst zu den vielen Menschen, die sich schwertun für sich stimmige Antworten zu finden. Dies ist ein Zeichen dafür, dass du blockiert bist und je länger du mit den Antworten zögerst desto schwieriger wird es.

Schreibe stets ganz spontan und wertfrei deine Gedanken nieder. Es geht nicht um Werten sondern um Entfalten! Traue dich deshalb deine spontanen Gedanken stets urteilsfrei aufzuschreiben. Das ist ein wichtiger Prozess der **Ent-Faltung** und deiner **Ent-Wicklung**! Was nimmst du mit?

_____

Kennst du deine Berufung?

Fühlst du dich zu etwas Bestimmten berufen? Oder anders gefragt: Spürst du eine große Leidenschaft, einen Ruf zu etwas

ganz bestimmten, dass dich magisch anzieht? Dich festhält und dich in dessen Richtung zieht? Dabei bedenke, dass das **Wort Beruf-ung aus dem Wort BERUF** stammt. Was gibt es schöneres, als wenn du deinen inneren Ruf, deine Berufung in deinem Beruf auslebst. Ist dies bei dir so?

Fakt ist, dass wir Menschen dazu neigen, uns primär mit den negativen Dingen auseinanderzusetzen. Das was uns nicht gefällt, was wir nicht wollen oder uns nicht gut tut.

Hier geht es darum dich genau das Gegenteil zu fragen. Erlaube dein inneres Kind mit dir zu sprechen, denn dieses kleine Wesen in dir weiß ganz genau nach was es strebt, nach was es sich sehnt.

Beantworte somit folgende Fragen: *Was glaubst du ist deine Berufung?* Erlaube dir auch mehrere Antworten:

_____

_____

_____

Wie erging es dir mit dieser Frage? Schwer? Keine Sorge!

Nimm diese Frage mit in deinen Alltag, frage dich immer wieder und beobachte dich achtsam. In den nächsten Kapiteln zeige ich dir auf wie du zu der Berufung kommst. Wichtig dabei ist, dass du **offen, neugierig, wissbegierig und frei von Selbstkritik bist.** Nur ein offener Geist und Unbekümmertheit erlaubt es dir dich auf diesen Weg der Erkenntnis zu begeben. Was ist somit deine Entscheidung:

Entscheidung: _____

Was bedeutet Glück für dich?

Das hochgepriesene Wort „*Glück*" in seiner Bedeutung und Wichtigkeit ist schon viel beschrieben, erläutert und gedeutet worden. Halte kurz inne und mach dir selbst Gedanken dazu.

Was bedeutet für dich Glück? Welcher Spruch, Worte oder Zeichnung drücken dein GLUECK am besten passend aus?

_____

_____

Bist du zufrieden mit deiner Erläuterung? Mit deiner Definition?

Viele kluge und weise Köpfe haben sich endlose Stunden mit dieser Frage beschäftigt. Dabei entstanden viele Bücher, die sich intensiv mit diesem Thema beschäftigen und auch zahlreiche weise Sprüche schmücken Postkarten, Wände und Werbeplakate:

„Glück ist, wenn der Verstand tanzt, das Herz atmet und die Augen lieben." Oder auch *„Glück ist, Hand in Hand mit einem Lieblingsmenschen durchs Leben zu tanzen."* Aus spiritueller Sicht wird Glück gleichgestellt mit: *„Glück ist, wenn du mit dir selbst zufrieden bist und dafür nicht die Bestätigung anderer brauchst."* Duden fasst das Glück in folgenden Worten zusammen: *„angenehme und freudige Gemütsverfassung, in der man sich befindet, wenn man in den Besitz oder Genuss von etwas kommt, was man sich gewünscht hat; Zustand der inneren Befriedigung und Hochstimmung."*

Für dich ist einzig wichtig wie du persönlich das bzw. dein Glück interpretierst und fühlst. Wenn dir dazu noch nicht die passende Interpretation eingefallen ist, lade ich dich dazu ein, dir dieser Tage eingehend Gedanken dazu zumachen um deine klare für dich individuell passende Definition zu finden. Trage sodann in dieses Feld deine Beschreibung ein:

Für mich bedeutet Glück, _____

_____

Was macht dich so richtig glücklich?

Sicherlich kennst du das Sprichwort: **Du bist deines Glückes Schmid!** Einzig und allein du bist für dich und dein Glück verantwortlich. Das ist die gute Nachricht! Die Frage ist hierbei, weißt du was dich wirklich glücklich macht? Kannst du ganz spontan jene Dinge, Ereignisse, Erlebnisse etc. nennen, die dich glücklich machen. Probieren wir es aus! Notiere ganz spontan mindestens 10 Punkte auf, die dich glücklich machen. Wenn du mehr Glückspunkte einfallen, desto besser!

1. _____

2. _____

3. _____

4. _____

5. _____

6. _____

7. _____

8. _____

9. _____

10. _____

Ich hoffe du hast deine 10 Glückspunkte gefunden.
Falls nicht, ist dies ein Zeichen dessen, dass du dir deiner eigenen Glücksempfindung nicht klar bist. Dabei ist das Glücklichsein

eines der Grundrechte der Menschen. Und dessen solltest du dich wahrlich bedienen. In den nächsten Kapiteln gehen wir noch gezielter auf dieses Thema ein, sodass du deine effektiven individuellen Glückspunkte definitiv finden wirst.

Für den Moment lade ich dich dazu ein, dass du aus dem oben gesammelten Punkten die 3 wichtigsten Punkte auswählst, die dich am glücklichsten machen. Diese sind:

1. _____

2. _____

3. _____

Du konzentrierst dich deshalb auf die 3 Punkte, da diese für den nächsten Schritt gut umsetzbar sind.

TIPP Schreibe nun jeden einzelnen deiner Glückspunkte auf eine Karte und lege diese sichtbar aus. Wie z.B. in deinem Auto, auf deinem Arbeitstisch, auf deinen Badezimmerspiegel etc.

Konfrontiere dich täglich mehrmals mit deinen dir wichtigsten Glückspunkten und erfreue dich dieser, jedes Mal, wenn du diese erblickst und vor allem, wenn du diese erfühlst.

_____

Was macht dich unglücklich?
Ich bin zwar kein großer Freund den Spot auf das Negative zu lenken, allerdings ist es für diese Übung unerlässlich, dass du deine Aufmerksamkeit – wenn auch nur für kurz – auf jene Dinge lenkst, die dich unglücklich machen.

Normalerweise neigen die Menschen dazu, dass sie sich bei der

Auflistung dieser Punkte um einiges schneller geht, da die Aufmerksamkeit auf das Negative und Schlechte viel präsenter ist, als auf das Positive und Förderliche. Deshalb beantworte spontan die Frage: *„Was macht dich unglücklich?"* Sei dies Situationen, Menschen, Tätigkeiten, Pflichten, Verantwortungen...

Je ehrlicher du dir selbst gegenüber nun bist, desto leichter können die Situationen in Angriff genommen werden, um deine Zukunft entsprechend wohlwollend zu verändern:

1. _____

2. _____

3. _____

4. _____

5. _____

6. _____

7. _____

8. _____

9. _____

10. _____

Wie geht es dir, nachdem du deine Unglücksraben schwarz auf weiß entlarvt hast? Fühlt sich dies erleichternd an, so als ob dir eine schwere Last von den Schultern genommen wurde?

Es tut gut, wenn wir uns Dinge von der Seele schreiben. Sich dessen bewusst werden, ist der 1. Schritt um sich davon zu trennen. Nun wähle die 3 unangenehmste Zustände aus der oben aufgeführten Liste heraus.

1. _____

2. _____

3. _____

Gut! Du hast nun deine 3 unangenehmsten Zustände dich vom Glücklichsein zurückhalten entlarvt. Sehr gut! Und nun? Was ist der nächste Schritt? **Einfach wegdenken! Annullieren?**

Das wäre echt praktisch und wundervoll, wenn es so einfach ginge. Allerdings hängen diese Reaktionen von einem festgesetzten Gedankenmodell und Programmen ab, dass wir leider nicht einfach löschen können. Dazu bedarf es etwas an mehr Einsatz. Aber ein wichtiger Schritt ist bereits getan. Welcher?

Einsicht ist der 1. Schritt zur Besserung.

Das ist schon mal sehr viel wert, aber erst der Anfang! Der nächste Schritt ist folgender…

Wie lange willst du so weiterfahren?

Du weißt nun ganz genau, welche Situationen, Aktivitäten, Menschen etc. dich vom Glücklichsein abhalten. Deinen Weg zum Glücklichsein im Weg stehen. Wie oben bereits erwähnt, ist die **Einsicht der 1. Schritt zur Besserung**. Gleichwohl folgt die entscheidende Frage daraus: *„Wie lange willst du in dieser Art und Weise weitermachen?"*. Es liegt ganz alleine an dir, was du mit deinen neugewonnenen Kenntnissen nun machst.

Es ist gut, dass du deine unangenehmsten Zustände, die dich vom Glücklichsein zurückhalten, entlarvt hast. Sobald du dich das nächste Mal in einem dieser Zustände wiederfindest, wirst du bewusst erkennen, wie dich der Sog des Negativen nach unten zieht. Du wirst dies aus der Sicht der dritten Person ganz bewusst wahrnehmen, wenn du denn achtsam und aufmerksam bist.

Du hast somit die Entscheidung, ob du diesen Zustand mit deinem neuen Wissen des negativen Ballastes für dich beibehalten und dich dessen entsagen möchtest. Es ist deine Entscheidung! Was wirst du zukünftig tun?

Du bist der Kapitän deines Lebens!
Du entscheidest wohin die Reise geht!

Handle auch entsprechend. Wenn du auf offener See die Info erhältst, dass Steuerboard ein heftiges Unwetter aufkommt, wirst du dein Schiff nicht direkt in den Sturm lenken sondern darum herumfahren. Genauso ist es mit deinen entlarvten negativen Zuständen die ich vom Glücklich sein abhalte. Statt immer wieder in dieselbe Falle zu tappen, solltest du ab sofort versuchen, diese Situationen zu vermeiden.

Jetzt ist es an der Zeit, dass du dich in Bewegung setzt und neue Schöpfungsakte bewirkst, woraus neue Dinge entstehen. Dies ist allerdings mit dem klaren Start-Schuss verbunden. Stelle dich deshalb folgenden Fragen, indem du diese klar, konkret, messbar und unmissverständlich beantwortest:

Per wann genau (Tag) leitest du die Änderung ein?

_____

Wieso fängst du nicht zu einem früheren Zeitpunkt an?

_____

Was genau wirst du tun, um dein Glücklichsein zu steigern?

_____

In dir schlummern die Antworten. Höre in dich hinein und schreibe diese in das Buch. Bleib dabei spontan und frei. Gewähre deinem Unterbewusstsein den Raum hier mitzusprechen. Es weiß weitaus mehr, als du glaubst. Nutze dieses Wissen für deine eigene wundervolle Entwicklung. Was nimmst du aus diesen Zeilen für dich mit?

_____

Lebst du dein Wunschleben?

Dazu gibt es eigentlich nur zwei Antwortoptionen. Entweder ein klares JA oder ein klares NEIN! Hierbei gibt es kein Wenn oder Aber. Die meisten Menschen werden auf diese Frage mit einem leisen und zugleich scheuen NEIN antworten. Füge deinen aktuellen Gedanken zudem folgende Tatsache hinzu:

Das Leben ist zu kurz als es zu vergeuden!

Aus diesem Grund gilt es für dich täglich deinem Wunschleben einen Schritt zuzugehen. Mit Zuwarten und Hoffen kommst du nicht weit. Stattdessen heißt es in Aktion treten und loslegen. Mache dir nun ernsthaft darüber Gedanken, wie dein aktuelles Leben im Vergleich zu deinem Wunschleben ist. *Was erkennst du? Was nimmst du wahr?* Notiere nachfolgend kritisch und akribisch, inwieweit du ein Leben analog deinem Wunschleben führst.

_____

_____

_____

Was lassen dich deine Antworten erkennen? Liegt zwischen deinem Wunschleben und aktuellem Leben eine große Spanne? Wie ergeht es dir dabei, dies nun zu erkennen? Wie schon erwähnt, ist das Wahrnehmen bereits der 1. Schritt! Nun geht es nur noch vorwärts und nicht mehr rückwärts. Du hast die Bremse in der Hand und mit deinem Ruder bestimmst du die Richtung. Das ist ein wichtiger Moment der Erkenntnis und genau in diesem Moment heißt es ganz klar: **Lass alle Fremdbestimmungen los!**

36

Wie groß ist deine Fremdbestimmung?

Die obere Übung hat dir sicherlich schon den einen oder anderen Hinweis für die sogenannte Fremdbestimmung übermittelt. Mit Fremdbestimmung ist gemeint, dass der Betroffene es nicht schafft, sich von dem Zwang zu lösen die Erwartungen anderer Menschen zu erfüllen. Deshalb stellt der zumeist unbewusste Fremdbestimmte seine eigenen Bedürfnisse und Wünsche hinten an um dadurch den Erwartungen der anderen gerecht zu werden.

Keiner gibt gerne zu, dass er selbst fremdbestimmt ist. Und doch ist diese Frage entscheidend. Deshalb hinterfrage dich kritisch, ob und in welchen Lebensaspekten du eine Fremdbestimmtheit lebst, statt dich gänzlich frei bestimmend auszuleben.

_____

_____

Hat dir diese Hinterfragung den Vorhang der Erkenntnis gelüftet? Bei welchen Lebensteilen hast du eine Fremdbestimmtheit erkannt? Du bist der Meister deines Lebens. Somit solltest nur du alleine darüber bestimmen, was du wann wie machst. Weder Glaubenssätze, alte Programme noch vergangene Gedankenmuster sollten dir diese Freiheit der Selbstbestimmung nehmen. In den folgenden Kapiteln gehen wir gezielt auf dieses Thema ein, sodass du dich deiner Selbstbestimmtheit immer bewusster wirst und deshalb auch aktiv einsetzen kannst.

Wichtig ist, dass du nun deine Felder - an welchen du nun feilen wirst - erkannt & freigelegt hast. Sie stehen nun vor dir im Rampenlicht und zeigen Flagge! Das ist sehr gut. Halte dein Erkennungslicht auf sie gerichtet, sodass du dich Schritt für Schritt ihrer entledigen kannst. **Bewusst und bestimmend!**

_____

Meine 5 wichtigsten Erkenntnisse aus diesem Kapitel sind:

Wie dein Umfeld dich beeinflusst

Hast du dir genauere Gedanken zu deinem Umfeld gemacht? Mit Umfeld ist dein soziales Milieu gemeint. Sprich jene Menschen mit denen du dich umgibst, das Umfeld in dem du dich bewegst und der Resonanz, die du während deines Wandelns innert deinem Umfeld aufnimmst. All diese Dinge beeinflussen dich! Sie bestimmen mit unter darüber, wer du bist und was du sein wirst. Als kollektives Bewusstsein bekannt, ist es erwiesen, dass dich dein Umfeld beeinflusst. Dabei orientierten wir uns an unserem Umfeld und nehmen – unbewusst - Verhaltens- und Glaubensweisen von ihm an.

Woran du erkennst, ob dir Menschen guttun oder nicht
Jim Rohn verdeutlicht in dem Zitat: *„Du bist der Durchschnitt der 5 Menschen, mit denen du die meiste Zeit verbringst"*, wie wichtig es ist mit welchen Menschen du dich umgibst. Denn die Menschen aus deinem Umfeld beeinflussen dich und dein Handeln maßgeblich. Deshalb ist es entscheidend, mit welchen Menschen du dich umgibst. Während die einen dich im Handeln blockieren, so gibt es Menschen die dich unterstützen. Dabei ist die Grundstimmung des jeweiligen Menschen die darüber entscheidet, ob dies für dich hinderlich oder förderlich ist.

An folgenden Kriterien erkennst du Menschen, die dir nicht guttun. Diese Menschen…

- ✓ beschweren sich ständig,
- ✓ finden in allem das Schlechte,
- ✓ demotivieren dich,
- ✓ reden dir deine Ideen klein,
- ✓ sind ständig schlecht drauf,
- ✓ sind neidisch auf anderen,
- ✓ sind kraftraubend,
- ✓ reden alles schlecht,
- ✓ wollen keine Veränderungen,
- ✓ machen dich klein,
- ✓ saugen dir deine Energie auf,
- ✓ nutzen dich aus,
- ✓ bedauern sich selbst,
- ✓ jammern die ganze Zeit,
- ✓ sprechen nur über Probleme,
- ✓ etc.

Hingegen erkennst du an folgenden Kriterien, dass dir Menschen mit folgenden Verhalten guttun. Diese Menschen…

- ✓ motivieren dich,
- ✓ unterstützen dich,
- ✓ sind immer auf deine Seite,
- ✓ geben dir Kraft und Energie,
- ✓ inspirieren dich,
- ✓ tragen Eigenverantwortung,
- ✓ sprechen über das Gute,
- ✓ unterstützen deine Vision,

- ✓ denken lösungsorientiert,
- ✓ handeln zielstrebig,
- ✓ sehen nur Herausforderungen,
- ✓ unterstützen dich,
- ✓ geben dir ein tolles Gefühl,
- ✓ regen dich zum Nachdenken an,
- ✓ die Zeit mit ihnen ist wertvoll,
- ✓ etc.

Sei achtsam und wachsam bei der Entscheidung mit welchen Menschen du dich umgibst.

In welchem Umfeld bewegst du dich?

Jetzt gilt es auf dein Umfeld einen aufmerksamen Blick zu werfen. Frage dich dazu: *Welche Menschen finden sich in deinem näheren Umfeld? Geben dir diese Kraft oder nehmen dir diese eher die Energie?* Notiere dir dazu mit welchen Menschen du im privaten und im beruflichen die meiste Zeit verbringst:

_____

_____

_____

Stelle nun zu jeder oben aufgeführten Person folgende Fragen, wobei du darauf achtest, dass du deine innere Stimme und nicht deinen Verstand sprechen lässt. : *Wie fühlst du dich in der Gegenwart dieser Person? Welche Eigenschaften verbindest du mit dieser Person? Was schenkt dir diese Beziehung?*

_____

Was nimmst du als Lehre, als Lektion aus den Zeilen mit?

Du bist nicht gut...

Wer hat den Satz *„Du bist nicht gut..."* nicht schon mal gehört und dabei diesen tiefen Schmerz der Enttäuschung und Unwohlseins gespürt? Diese Worte treffen so richtig tief ins Herzen und wecken das kleine Kind, das nach Bestätigung, Aufmerksamkeit und Zuneigung hascht, in dir.

Eventuell hast du diesen Satz in Zusammenhang mit einer sportlichen Tätigkeit oder auch beim Vortragen eines Theaterstücks gehört, bei welchen du dein Bestes gegeben hast, um deine Eltern im Publikum stolz zu machen. Umso peinlicher, dass dir in dem Augenblick deines Auftrittes einige der Worte entfallen sind und du seit diesem Ereignis mit dem Stigma des ungeeigneten Theaterspielers konfrontiert bist.

Was passiert, wenn diese Person seit klein auf den Wunsch hegt auf der Bühne der Welt Karriere zu machen. Wird dieser von seinem Umfeld gestützt und gefördert? Was meinst du?

Leider kenne ich dies aus eigener Geschichte nur zu gut. Ich wollte Zeit meines Lebens Klavier spielen lernen und bestaunte die Talente deren Hände mit einer Selbstverständlichkeit geschwind und gekonnt den Tasten wundervolle Klänge zu entlocken verstanden. Meine musikalische Karriere begann hingegen nicht mit dem ersehnten Klavier sondern mit einem Akkordeon. Meine Enttäuschung war groß. Wer schleppt schon freiwillig sein Klavier auf der Brust herum? Dies wurde mit der

Aussage „Das ist ja fast das Gleiche..." abgetan. Für mich – und das war das Entscheidende – war es allerdings nicht das Gleiche.

Ich versuchte trotzdem mein Bestes. Bald war ich mit dem Stigma behaftet, dass meine Musik einem Katzenjammer gleichkam. Dieses lieblose Feedback ließen in mir ganz klar die Meinung begründen, dass ich schlichtweg unmusikalisch war. Wie konnte es auch anders sein? Hatte ich doch in der Erfahrung mit der Ziehharmonika – unwichtig, dass ich diesem Musikinstrument so gar keine Passion empfinden konnte – genau das doch erfahren.

Damals war ich noch zu jung und unerfahren um zu verstehen, dass dieses Feedback überhaupt kein Beweis dafür war, ob in meinen Genen das musikalische Talent geradewegs hervorzustechen bestimmt war. In mir war der Glauben gefestigt, dass ich eben kein musikalisches Talent hatte und es deshalb besser vermeiden sollte mich mit irgendeinem musikalischen Instrument zu beschäftigen.

Erst sehr viel Jahre später sollte ich eines Besseren belehrt werden. Da meine Liebe und Faszination dem Klavier gegenüber bestand hatte, kaufte ich mir im Alter von 48 Jahren ein Piano und begann in Eigenstudium und konsequentem Lernen, mich mit diesem Instrument auseinanderzusetzen. Das Ergebnis konnte sich durchaus zeigen und vor allem hören lassen.

Eine sehr wichtige Lektion die unweigerlich auf alle Lebensbereiche und auf alles Tun Einfluss hat, ob du erfolgreich bist oder eben nicht... Und diese ist...

Übung macht den Meister

Genau! Übung macht der Meister... Zweifelsfrei! Nur wer an sich und seinem Tun arbeitet, ist dazu bestimmt herauszuragen. Dabei trifft Albert Einstein dies wie folgend auf den Punkt:

Genialität bedeutet 1% Talent und 99% harte Arbeit!

In allem wird diese Aussage von dem ehrenwerten Genie mit der Tatsache bestätigt, dass es auf die konsequente und kontinuierliche Übung drauf ankommt. Ein jeder Sportler kann bestätigen, dass das Training darüber entscheidet, wie stark der Muskelaufbau ist, wie geschickt er es mit seinen Skiern im Slalom um die Stange schafft, wie stark sein Aufschlag im Tennis ist.

Die Kindheitsbilder von Arnold Schwarzenegger zeigen einen zierlichen Knaben, dessen Körperbau alles andere als auf den zukünftigen Mister Universum hinwies.
Und doch: Mit eisernem Biss, konsequentem Trainingseinheiten und den unverbesserlichen Glauben an sich und an sein Ziel, ließen Arnie zudem werden, der er heute ist. Eindrücklich!

Gibt es einen Sportler, Künstler, Wissenschaftler, Erfinder, Persönlichkeit von dessen Arbeit, Konsequenz und Schaffen du schlichtweg begeistert bist? Wenn ja, wer ist das?

_____

Was findest du an dieser Person so außergewöhnlich? Warum bewunderst du diesen Menschen? Was genau ist es?

_____

_____

Welche Eigenschaften, Entscheidungen und Handlungen sind es, die bei dieser Person dazu führten, dass er dies erreicht hat?

_____

_____

Sind dies auch Eigenschaften, die du in dir trägst?

_____

Was ist deine Erkenntnis aus diesen vorhergehenden Zeilen?

_____

Der negative Sog der anderen

Es wird immer Menschen um dich geben, die darum bemüht sind, dir eine Idee auszureden oder dir einzureden, dass du nicht gut genug bist. Die darum bemüht sind, dir aufzuzeigen, was alles dagegen spricht. Dein Körper, Auftreten oder schlichtweg deine Intelligenz! Oder sie gehen in die Richtung, dass sie dein Umfeld, Familie, Land oder gar deine Kultur und Glauben tadeln.

Grundsätzlich ist es komplett egal, was für Gründe dir andere Menschen aufführen, mit welchen sie versuchen, dich von einer Idee, einer Vision oder einem Traum abzubringen.

**Entscheidend ist, dass du dir treu bleibst!
Das du weiterhin zielgerichtet deinen Weg gehst.**

Es mag dir helfen, sich die Gründe für dieses destruktive Verhalten von diversen Menschen kurz genauer anzusehen. Zumeist wird dies von der eigenen Unzufrieden und Zustand von unglücklich sein eingeleitet. Menschen die mit sich selbst und ihrem Leben nicht glücklich sind, blicken nicht selten neidvoll auf andere und wundern sich über deren Glücksempfindung und Freude im Leben. Das heißt somit, dass du selbst an deren Empfindung und Wahrnehmung nichts ändern kannst. Denn…

**Du hast einzig die Möglichkeit,
dich und dein Denken zu beeinflussen.**

Aus diesem Grund fokussiere deine Aufmerksamkeit einzig auf

dich, deine Einzigartigkeit und Potenzial die du in dir trägst.

Entscheidend ist dabei, dass du an deine Einzigartigkeit und an das klare Umsetzung und den erfolgreichen Einsatz deiner Fähigkeiten glaubst. Sobald du das nämlich tust, ist es gänzlich irrelevant, was andere über dich und zu dir sagen. Da prallen alle Demotivationssprüche an dir ab.

Lenke deshalb den klaren Fokus auf dich und deinen Weg. Ja, durchaus mag dir dies Kraft abverlangen, indem du alle deine Energie für deine Ziele einzusetzen und gleichzeitig die negativen Worte, passiven Energien und die nicht unterstützenden Taten deines Umfeldes komplett zu ignorieren. Bedenke:

**Das Einzige auf das du effektiv Einfluss hast,
ist das was du tust, denkst und entsprechend glaubst!**

Was dein Nachbar, Familienmitglieder oder Freunde effektiv tun und denken, ist außer deiner Reichweite der Veränderbarkeit. **Sie sind wie sie sind. Du kannst sie nicht ändern!** Allerdings kannst du für dich ganz klar entscheiden, was dir gut tut und wie du mit deinem Denken, Handeln und Agieren, das erreichst, was dir wichtig ist. Ganz um Trotz der anderen, die dir das nicht zutrauen.

Aus diesem Grund ist es wichtig, dass du deine Energie auf dich, und nur auf dich alleine konzentrierst und damit deinen Weg gehst. Sobald du die Energie und Kraft darauf lenkst, dass du deine Menschen und dein Umfeld beteuerst, dich erklärst und von dem Gegenteil zu entscheiden versuchst, bist du bereits in den Sog des anderen eingetaucht. **Das kostet Kraft!**

Stattdessen nutze deine Kraft und Energie für dich und deine Ziele. Denn dadurch wirst du schneller an dein Ziel kommen.

Die Norm der Schulform

Leider geht ein Großteil der europäischen Schulform nicht explizit auf die Stärken & Talente von ihren Kindern ein. Zumeist erlaubt dies der straffe Terminkalender nicht, der beteuert, dass die Schüler einen bestimmten klar festgelegten Wissenstand innerhalb eines gewissen Zeitrahmens gelehrt bekommen müssen.

Da haben Stärken Analyse und Talent Entwicklung keinen Platz! Das ist sehr schade. Im Gegensatz zu den nordischen Länder, wo das Schulsystem durchaus eine Wichtigkeit auf die Stärken Erkennung ihrer Schüler lenkt. Wie z.B. in Schweden wo 20 – 30 Schüler während der 9 Jahre zusammenbleiben. Dabei werden die Schüler angewiesen, dass sie lernen einander zu helfen, ihre gegenseitigen Stärken zu entdecken und sich gegenseitig unterstützen ihre Schwächen gemeinsam abzubauen.

Derweilen richtet das mitteleuropäische Schulsystem viel Zeit und Aufwand darauf aus, Schwächen aufzubauen.

Ich plädiere dafür, dass sich die Lehrer mit einem der Zeit angepassten Schulsystem ausgestattet, sich auf die Stärken fokussieren und diese mit Förderprogrammen gänzlich stärken.

In einer Zeit, wo der Computer Technologie immer mehr an Gewichtung bekommt und viele täglichen Aufgabe der Menschen bereits übernommen hat, ist es umso wichtiger, die menschlichen Fähigkeiten zu fördern. Denn trotz all der unglaublich schnell wachsenden Technologie, die den Vormarsch und die Einbindung der Roboter in unseren Alltagsleben täglich näher bringt, gibt es unweigerlich einige Fähigkeiten, die keine Computer Technologie noch ein Roboter dem menschlichen Wesen abnehmen kann.

Was nimmst du für dich mit? _____

Die künstliche Intelligenz im Vormarsch

Steht die menschliche Intelligenz nächstens im Schatten der künstlichen Intelligenz? Eine sehr gute Frage, mit welcher sich viele Studien & Untersuchungen schon seit Jahren beschäftigen. Dabei zeigt sich, dass die menschliche Intelligenz im Vergleich zur künstlichen Intelligenz **klar als Sieger** hervorgeht. Warum?

Dies aufgrund von Fähigkeiten, die dem Menschen in seinen Genen mitgegeben wurden und von keiner künstlichen Intelligenz einfach übernommen oder kopiert werden kann. Zum Glück!

Der Mensch hält unglaubliche Fähigkeiten in sich, die ihn in seiner Art so einzigartig macht. Dabei ist nicht nur die Existenz derer an sich schon großartig, sondern zudem die Individualität des Ausdruckes in seiner Art.

Dies zeigt sich wundervoll mit der Aufgabe ein Bild eines Waldes am Standrand zu malen. Grundsätzlich keine schwierige Aufgabe. Alle Eckdaten sind bekannt und die Probanden machen sich daran, diese Aufgabe mit Einsatz ihrer Fähigkeiten bestens zu meistern. Was dabei herauskommt, sind 10 gänzlich verschiedene Bilder. Auf jedem finden sich ein Wald und Häuser, aber ein jedes Bild hat ein anderes – eben ein individuelles – Erscheinungsbild.

Und genau darum geht es bei dem entscheidenden Unterschied zwischen der künstlichen und der menschliche Intelligenz. Die Abwägung, Entscheidung, das Einbinden von Vorlieben, Berücksichtigung von Erinnerung lassen das jeweilige Bild ganz nach dem Geschmack des Erstellers gestalten.

Während der Menschen diese Fähigkeiten ganz von selbst in jeder seines Handelns und Tuns erledigt, fehlt der künstlichen Intelligenz das Bewusstsein für sich selbst und der Umwelt. Ganz nach Mustern und Programmen erledigen sie die Aufgaben.

Dabei zählen keine Gefühle oder kreative Einfälle, die das I-Tüpfchen aus menschlicher Hand entstammten Werk ausmachen.

Somit lässt sich festhalten, dass die künstliche Intelligenz den Menschen in gewissen Faktoren nicht ersetzen kann. Dazu gehören die Unmöglichkeit komplexe Sachverhalte in Kontext zueinander zu setzen. Ebenso wird ein Roboter nie auf die Idee kommen nun Gesteinsproben zu sammeln um daraus neue Kenntnisse zu gewinnen. Es sei denn, dem Roboter wird diese Aufgabe von einem Menschen zugeteilt.

Das Fehlen von gänzlich schöpferischen und kreativen Qualitäten wird einen Roboter nie ein Werk wie Mona Lisa erschaffen. Er kann dies kopieren und nachmalen, aber ein Kunstwerk dieser Art kann ein Roboter mit seiner künstlichen Intelligenz nicht schaffen.

Aber wohl die wichtigste von allen Komplexen, die den Unterschied aufzeigt, ist die Diskrepanz zu der **menschlichen Emotionen.** Dabei lässt sich klar sagen, dass die menschliche Interaktion mit Robotern schlichtweg nicht möglich ist.

Dies bringt diese Fähigkeiten des Fühlens, Denkens, Kreieren, Entscheidens des Menschen in eine noch wichtigere Kategorie, da diese Fähigkeiten dafür sorgen werden, dass der Mensch auch zukünftig die Oberhand der künstlichen Intelligenz bewahrt.

Umso wichtiger ist es, dass jeder Mensch, sich seiner Stärken und Talente bewusst ist und diese für sich und seine Umwelt einsetzt!

Meine 5 wichtigsten Erkenntnisse aus diesem Kapitel sind:

Flow – das Geheimnis des Glücks

Sicherlich hast du von dem *Flow-Zustand* schon einmal gehört. Hast gegebenenfalls auch darüber schon gegoogelt und versucht herauszufinden, was eigentlich genau mit diesem englischen Wort gemeint ist. Dieser bekannte Ausdruck hat der renommierte Kreativitätsforscher namens *Mihály Csikszentmihály* ins Leben gerufen, nachdem er nach jahrerlange Forschung den absoluten Glückszustand herausgefunden hatte.

Was genau bedeutet Flow?
Nun, Wikipedia definiert den englischen Begriff **Flow** (*was ursprünglich Strömen, Fließen und Rinnen bedeutet*), als einen *„beglückend erlebte Zustand völliger Vertiefung und Konzentration und restlosen Aufgehens in einer Tätigkeit (Absorption), die wie von selbst vor sich geht"*. Die deutsche Sprache hat dazu das Wort *„Schaffens- bzw. Tätigkeitsrausch"* oder auch *„Funktionslust"*.

Anders gesagt: Wenn ein Mensch bei der Ausführung einer Handlung (wie z.B. Ausübung einer speziellen Arbeit, Sport, Musizieren, Singen, Tanzen etc) **völlig Zeit, Ort und die Welt um sich verliert**, ist er völlig in dem **Flow-Zustand**. Ganz auf die Sache konzentriert hat ein Mensch in diesem Flow-Zustand keine Empfindung von Hunger, Durst oder Schlaf. Hingegen ist er gänzlich auf die Sache an sich konzentriert und schwebt somit harmonisch in diesem Zustand. Manche Wissenschaftler verstehen diesen Zustand bereits als Trance.

Klar lässt sich auch sagen, dass Flow keine Technik, sondern ein Zustand ist. Störelemente die zu einer Ablenkung führen, sollten nicht gegeben sein. Der Flow kann alleine oder auch in einer Gruppe entstehen.

Das Flow Erlebnis

Analog den Vorgaben des Psychologen *M. Csikszentmihály* wurde der Flow von zahlreichem weiteren Wissenschaftlern erforscht.

Mitunter betitelt *Hans Scheurl* als das Flow als „völlige Aufgehen in der momentanen Tätigkeit" oder auch als das „*Verweilen in einem Zustand des glücklichen Unendlichkeitsgefühls*". Ebenso hat sich der Psychologe *Siegbert A. Warwitz* mit dem Flow-Erlebnis auseinandergesetzt und kam zur folgenden Erkenntnis: „*Das Urbild des Menschen im Flow ist das spielende Kind, das sich im glückseligen Zustand des Bei-sich-Seins befindet*". Dabei identifiziert sich das „Kind" mit der Sache an sich und geht völlig darin auf.

Kurzum: **Eine Person im Flow...**
- **geht in seiner Tätigkeit völlig auf,**
- **fühlt sich den selbst gestellten Anforderungen gewachsen,**
- **lässt sich in seinem Tun nicht ablenken,**
- **erlebt, dass die Arbeit wie „von selbst" abgeht,**
- **verliert gänzlich das Zeitgefühl,**
- **vergisst gänzlich alle Sorgen und Probleme,**
- **spürt weder Hunger, noch Durst oder Müdigkeit.**

Dabei erlebt die Person im Flow folgendes:
- **Komplette Aufmerksamkeit & Konzentration auf ein begrenztes, überschaubares Handlungsfeld.**
- **Der Handlungserfolg ist sofort erkennbar.**
- **Die Außenwelt „verschwindet", indem Handeln und Bewusstsein miteinander verschmelzen.**
- **Tätigkeit belohnt sich selbst & bedarf kein Lob von außen.**

Es entsteht eine Art Weltvergessenheit wenn sich der Mensch im Flow-Zustand befindet. Dabei ist es wichtig, keine Überforderung (=*Angst des Versagens*) herbeizurufen oder in der Unterforderung

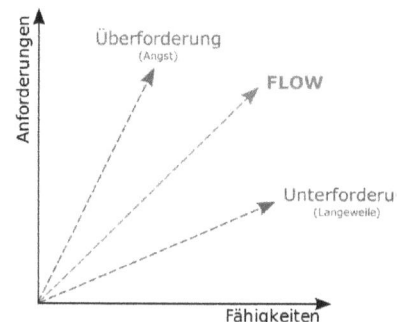

(*mit Langeweile*) konfrontiert zu sein, sondern in der **Balance zwischen Überforderung & Unterforderung zu bleiben.**

Kennst du diese Zustandsform von Empfindung? Erinnere dich daran, wann hast du dies erlebt? War dies beim Tanzen, Schreiben, Fliegen? Schreibe die Szenen nieder.

_____

_____

Schuss Endorphin nötig?

Flow Erlebnisse lassen Menschen in einen Zustand von Rausch und Trance erleben. In diesem Zustand schüttet der Körper sehr verstärkt ein für uns sehr wichtiges Hormon aus: **Endorphin**, das als eines von 6 Glückshormon für den Menschen extrem wichtig ist und für das Wohlbefinden & Glücksgefühle unverzichtbar ist.

Was passiert dabei in deinem Körper?

Die Konzentration ist sehr geschärft, die Herzfrequenz wird rhythmischer, die Wahrnehmung der Zeit schwindet = der Flow Zustand ist aktiv. Einige Wissenschaftler behaupten zudem, dass die Gesundheit eine deutliche Verbesserung erkennen lässt, wenn der Mensch regelmäßige Flow Erlebnisse hat. Zudem sorgen diese Flow Erlebnisse in der mentalen Ebene für Stabilität & Stärkung, die sich auf den seelischen Zustand des Menschen auswirkt.

Unumstritten ist es, dass sich das Gefühl im Flow Zustand berauschend, begeisternd und einzigartig anfühlt. Alles um einen herum scheint unwichtig, da die gesamte Konzentration und Aufmerksamkeit auf das einzig Wahre und Wichtige – in diesem Moment – gelenkt sind. Nicht nur erreicht der Geist in diesem Zustand der Fokussierung eine einzigartige Ebene der Konzentration und Achtsamkeit die einer feinen Elektrizität ähnlich ist, so ist auch der Körper in diesem Stadium komplett auf diesen Handel und Tun fokussiert und lässt alle Bedürfnisse hintenanstellen.

Auf deine Achtsamkeit achten

Das Erfahren und Erleben des Flow Zustandes ist ebenso durch die Fokussierung auf das – in diesem Moment - einzig Wichtige verursacht und lässt Glücksgefühle frei. Dies zeigt somit ebenso, dass die Achtsamkeit und das bewusste Wahrnehmen den Menschen eine besondere Kraft und Energie verleihen. Dies führt zu einer zunehmenden Balance und Gelassenheit. Dieses gänzlich achtsame Sein lässt die Ideologie der buddhistischen Lehren anhand folgender Erzählung sehr gut verdeutlichen.

Schüler fragten ihren Zen-Meister, warum er so glücklich ist. Dieser antwortet: „Wenn ich stehe, dann stehe ich, wenn ich gehe, dann gehe ich, wenn ich sitze, dann sitze ich...." „Das tun wir doch auch" riefen seine Schüler aus. „Aber was machst du darüber hinaus?" fragten sie erneut. Der Meister erwiderte: „Wenn ich stehe dann stehe ich, wenn ich gehe, dann gehe ich..." Wieder sagten seine Schüler: „Aber das tun wir doch auch Meister...!" Er aber sagte zu seinen Schülern. „Nein – wenn ihr sitzt, dann steht ihr schon, wenn ihr steht, dann lauft ihr schon, wenn ihr lauft, dann seid ihr schon am Ziel!"

Achtsamkeit zu üben, bedeutet immer wieder darum bemüht zu sein, im HIER & JETZT zu sein, zu versuchen in der Mitte, der Balance zu sein sozusagen, in der inneren Balance zurückzufinden. Oder einfach gesagt:

Den aktuellen, jetzigen Augenblick und das damit verbundene Ganze in einer möglichst nicht wertenden, offenen und wohlwollenden Haltung anzunehmen.

Schreibe dir diesen oberen Satz auf ein Kärtchen und klebe dir diesen an Orten, wo du täglich mehrmals bist. An deinem Arbeitsplatz, Badezimmer. Dadurch wirst du immer wieder an diesen weisen Satz erinnert.

Deinem Glück auf der Spur...

Du weißt nun, was der Flow Zustand, was die klare Fokussierung auf deine Achtsamkeit bewirken und in dir Auslösen. Du bist in einem Zustand des Glücks, dass dich wohlwollend umschließt und dir einfach super guttut. Nun gilt es herauszufinden, in welchen Situationen, bei welchen Handlungen du diese Form des Glücksgefühls, des Flow erlebt hast.

Denke nun nach und frage dich: *Was hast du genau getan? Welche Tätigkeit hast du ausgeführt? Wie hast du dich gefühlt?*

Wann _____ Was _____ Gefühl _____

Wann _____ Was _____ Gefühl _____

Wann _____ Was _____ Gefühl _____

Dir deine Tätigkeiten bewusst werden, in welchen du dieses Glücksgefühl erlebst, ist ein wichtiger und teilweise auch langwieriger Prozess. Sei mit dir geduldig, wenn dir auf die Schnelle nicht gerade Aktivitäten oder Ereignisse einfallen, in welchen du diesen Flow Zustand erlebt hast.

Nimm deine Aufmerksamkeit in deinen Alltag und werde dir bewusst, sobald du in den Flow Zustand kommst.

✓ Schreibe in dein Potenzial-Notizbuch, **was** du gemacht, **welchem Tun** du nachgingst und **wie** du dich gefühlt hast.

Gewöhne dir an dich jeden Abend folgende Frage zu stellen:

✓ Was hat mich heute so richtig glücklich gemacht?
✓ Erlebte ich heute einen Flow Zustand. Wenn ja, wann?

_____

_____

Der aktive Weg zum Glück

Zahlreiche Bücher haben sich mit dem Glück beschäftigt. Analysiert und thematisiert, wie der Mensch das Glück für sich gewinnt, den Zustand des Glückes für sich erreicht und in seinem Leben willkommen heißt (*siehe Buchtipps am Ende des Buches*).

Grundsätzlich lässt sich eine Tatsache, auf die mitunter der Forscher *Mihály Csikszentmihály* in seinen Vorträgen immer wieder aufmerksam macht, nicht von der Hand weisen:

**Kein Mensch kann dir Glück besorgen
außer du selbst.**

Nur du alleine ermöglichst in dir Glück zu spüren. Deine Verhalten, deine Entscheidungen entscheiden darüber, mit welchen Handlungen du deinen Tempel „*Körper, Geist & Seele*" pflegst. Dies in Summe entscheidet darüber, inwieweit und wie stark du das Gefühl von Glück erlebst. Diese Zutaten für diesen Glückscocktail setzen sich ausfolgenden Faktoren zusammen:

- **Positive Einstellung zum Leben**
- **Selbstliebe & Nächstenliebe**
- **Wertschätzung sich selbst und dem Umfeld gegenüber**
- **Humorvolle Einstellung (+ Fähigkeit über sich selbst lachen)**
- **Gelassenheit und Achtsamkeit zulassen**
- **Sich seiner Stärken und Talente bewusst sein**
- **Seine Ziele und Wünsche kennen**
- **Sie selbst treu und authentisch bleiben**
- **Aktives Loslassen und**

Frage dich nun selbst kritisch: Welcher dieser oben aufgeführten Komponenten trägst du bereits ausgeprägt in dir? In welchen Bereichen musst du noch an dir arbeiten?

_____

_____

Der 1. Schritt ist immer die Erkenntnis!

Nur wenn du weißt und erkennst, was dir fehlt, kannst du die Änderung einleiten.

Sei dir selbst somit so fair und offen, dass du dir ehrlich bist und dir selbst eingestehst, welche Sichtweisen, Fähigkeiten und Wahrnehmung bei dir noch nicht bestens ausgeprägt sind. Welche effektiv deine Aufmerksamkeit und einen aktiven Trainingsplan benötigen.

Möchtest du das Glücksgefühl für dich gewinnen? Somit frage dich: Was für eine Entscheidung triffst du nun?

_____

_____

Welche Erkenntnisse nimmst du aus diesem Kapitel mit?

_____

_____

_____

_____

Meine 5 wichtigsten Erkenntnisse aus diesem Kapitel sind:

Talente sind Werkzeuge des Glücksschmieds

Talent ist ein mächtiges Wort mit einer noch größeren Bedeutung. Es existiert kaum ein einheitliches Verständnis für den Begriff, da unter einem Talent je nach Kontext, sei dies Sport, Wissenschaft, Musik etc.) etwas anderes verstanden wird. Allerdings haben Talente eines gemeinsam: **Aufgrund ihrer Anlagen unter besonders günstigen Bedingungen vollbringen sie herausragende Leistungen.**

Was ist ein Talent?

Mit Talent wird – *laut Wikipedia* - eine besondere Anlage einer Person auf einem entsprechenden Gebiet bezeichnet. Oder anders ausgedrückt: Ein Talent, ist ein angeborenes Potenzial, das ständig von selbst wiederkehrendem Muster an Gedanken, Verhalten und Gefühlen. Noch einfacher lässt sich dies so erklären:

Talente sind Fähigkeiten, die du von Geburt an besitzt und ein unverzichtbarer Teil deiner Persönlichkeit ist. Ein Talent ist schlichtweg angeboren und kann nicht erlernt werden. Es ist eine Begabung und Ausdruck dessen, dass du etwas außergewöhnlich gut kannst oder dir leichter fällt als anderen.

Begabungen sind mitgegebenen Gaben

Talente werden gerne auch als in die Wiege gelegte Begabungen betitelt. Be-gab-ungen trägt das Wort **Gabe** in sich. Als Gabe wird u.a. verstanden, jemanden ein Geschenk zu machen oder eine Aufmerksamkeit zu überreichen.

In der Bibel findet sich zum Thema Gabe Auszüge, in welchen z.B. geschrieben steht: *„Vernachlässigt nicht die Gnadengabe in dir, die dir verliehen wurde…"* (*Brief von Apostel Paulus an Timotheus 4:13-14*). Gaben als individuelles persönliches Geschenk zu sehen und anzunehmen, ist die Grundvoraussetzung, um diese für sich anzuerkennen und mit deren Einsatz das Beste daraus zu machen. Wie ist das bei dir? Nimmst du deine Talente als Geschenk an? Willst du deine Talente zum Besten einzusetzen & zu entfalten?

Ohne Fleiß kein Preis!

Sich seiner Talente bewusst zu sein, ist wichtig, verspricht aber noch keinen Erfolg! Roger Federer wäre heute nicht der Weltklassesportler, wenn er sein Talent nicht mit den disziplinierten und konsequenten Aufmerksamkeit, Übungen und Training unterstützt hätte. Klar ist: **Talent allein ist ein guter Anfang.** Das erkannte auch der Vater von Mozart, der seinen Sohn stundenlang üben ließ und Klein-Mozart wohl ohne diese strenge Oberhand seines Vaters - die auf das konsequente Übung fokussiert war - wohl nur halb so gut geworden wäre, als Mozart schlussendlich in die Geschichtebücher einging.

**Talent ist eine gute Voraussetzung,
aber Übung macht schlichtweg den Meister aus!**

Lass uns dazu folgendes Beispiel näher ansehen: 2 Frauen beginnen gleichzeitig mit dem Erlernen von Klavier spielen. Mit dem denselben Lehrer gehen sie motiviert und passioniert an die Sache ran und üben gleich viel. Während die eine Frau schon nach 6 Monaten das Stück fehlerfrei spielt, hat die andere Frau große Mühe damit eine erkennbare Melodie zu spielen.

Worin liegt der Unterschied? Das angeborene musikalische Talent! Der talentierten Schülerin fällt es viel leichter, da sie ein besseres Rhythmusgefühl, Fingerfertigkeit und Musikgehör hat. Durchaus wird auch die zweite Schülerin das Klavier spielen erlernen, allerdings mit viel mehr Übung, Disziplin und Schweiß. Derweilen hat die talentierte Schülerin mit dem gleichen Elan die Tendenz eine Spitzenmusikerin zu werden. Natürlich darf sie dazu nicht das Lernpensum einschränken und die Passion für das Klavier spielen verlieren. Denn der produktive Einsatz des Talentes gepaart mit der Fähigkeit dranzubleiben und dem Wissen/Kenntnis des aktiven kontinuierlichen Übens führt zu einer enormen Verbesserung und Steigerung des Könnens.

Dabei vereinen sich durch die kontinuierlichen und disziplinierten Wiederholungen Talente, Wissen/Kenntnisse und Fähigkeiten zu einer enorm potenzialen Summe.

Dieses Trio – **Talente, Wissen/Kenntnisse & Fertigkeiten** - sind alles wesentliche Elemente, um **eine Stärke zu entwickeln**. Aber nichtsdestotrotz ist die wichtigste Komponente des Trios eindeutig **das Talent!**

**Denn das Talent in NATURGEGEBENEN,
in den Genen verankert, nicht erworben und hinzugeholt,
wie dies eben Fertigkeiten und Wissen sind.**

Verfügt jeder Mensch über Talente?
Steve Wonder hat diese Frage wie folgend beantwortet: *„Wir ALLE haben Talent. Wie wir es nutzen macht den Unterschied!"* Gehörst auch du zu jenen Zweiflern, die fest davon überzeugt sind, dass sie über kein einziges Talent verfügen? Die glauben, dass die nur aus einer Hülle aus Normen und Uninteressantem bestehen. Dann habe ich hier eine gute Nachricht!

**Ein jeder Mensch verfügt über gewisse Talente
die unglaublich wertvoll sind!**

Deine Aufgabe ist es diese Talente aufzuspüren! Sehe dich somit als Abenteurer, der sich auf die Reise in dein Innerstes begibt, um für dich zu erkennen, was für Schätze da in dir schlummern.

Laut dem Dokumentationsfilm *„Alphabet – Angst oder Liebe?"* kommen 98% der aller Kinder hochbegabt auf die Welt! 98%! Wau! Nach der Schule seien allerdings nur noch davon 2% übrig.

Dr. Hirschhausen erklärt die Gabe des Talents wunderbar anhand des **Pinguin-Prinzips**: Ein Pinguin wirkt außerhalb des Wassers bedauernswert in seiner pummeligen Statur und kurzen Armen und Beinen. Sobald der Pinguin ins Wasser springt, ist er total in seinem Element und ist flink wie ein Wiesel und Herr der Wassers.

Was sagt uns dieses Beispiel? Dass das Umfeld für das Erkennen unserer mitgegebenen Gaben entscheidend wichtig ist. Wenn der Pinguin in der Wüste geboren wäre, würde er nie wissen, was für ein wunderbares Talent er im Wasser ausleben kann.

Das Umfeld ist enorm wichtig für die Entfaltung deiner Talente
Es ist somit entscheidend, in welchem Umfeld du dich bewegst. Ist dies für dich und deine Talente förderlich oder hinderlich? Diese Frage kannst nur du für dich selbst beantworten. Tatsache ist, dass deine Umgebung, die Menschen um dich herum enormen Einfluss in deinen Handlungen und Entscheidungen nehmen.

Betrachte nun kritisch dein Umfeld in welchen du dich befindest. Empfindest du dies als förderlich? Was erkennst du?

_____

Nutzen die Menschen in deinem Umfeld ihre eigenen Talente?

_____

Hast du in deinem Umfeld Personen, die dich in deiner Talenten-Entfaltung unterstützen? Dich dazu animieren? Wenn ja, wer?

Ist dein Umfeld für die Entfaltung deiner Talente geeignet?

_____

Wie reagiert dein Umfeld auf deine Stärken & Talente?

_____

Ausblendung unserer Talente und Fähigkeiten

Die meisten Menschen sprechen nicht gerne über ihre Talente und Stärken. Genaugenommen fällt es ihnen sogar sehr schwer über ihre Ressourcen zu sprechen. Stattdessen ziehen sie es vor diese unter den Scheffel zu stellen, fern vom Rampenlicht oder Mittelpunkt und somit fern vom Prahlen und Angeben.

Gehörst du auch zu jenen Menschen? _____

Warum neigen Menschen zu diesem Verhalten?

Findet sich dieses Verhalten in festgefahrene Programme und Prägungen aus der Kindheit, wo Sprüche wie _„Schuster bleib' bei deinen Leisten!"_ oder _„Einbildung ist auch eine Bildung!"_ Zeugnisse einer guten Schule und Erziehung standen?

Durchaus mag die Erziehung ein wichtiger Grund dafür sein, allerdings lassen sich weitere Faktoren nicht ausblenden. So spielt das **Umfeld** eine entscheidende Rolle, die unser Verhalten mitbestimmt. Während negative Feedback dazu führt, dass der Betroffene sich immer mehr zurückzieht und versteckt, reagieren wir auf positivem Feedback genau gegenteilig.

Wer es gewohnt ist Anerkennung, Wertschätzung und Worte des Lobes stetig zu erfahren, erkennt schon in jungen Jahren den enormen Wert seiner Stärken und Talente und lernt durch diese positive Rückmeldung die Besonderheit dessen.

Menschen die nur ihrer Schwächen wegen getadelt werden, unsichere Personen, die ihre Stärken nicht mehr gewahr sind. Sie verblasen bei jedem weiteren negativen Wortfluss und versinken immer mehr in den Schatten ihrer selbst. Hingegen gewinnen Menschen, die wohlwollenden Worte ihrer Stärken und Talente wegen erfahren, an **Sicherheit** und trauen sich somit mehr zu.

Selbstvertrauen und Selbstsicherheit wachsen und formen sich dadurch.

Wie offen gehst du mit deinen Stärken & Talenten um? Gehörst du zu jenen die ihre Ressourcen unter den Scheffel stellen?

Welche Talente stecken in dir?

Die Liste von Talenten beinhaltet viele Fähigkeiten. Siehe dazu Info am Ende des Buches. Dazu gehören: *Kunst, Geschichten erzählen, Kreativität, Empathie, gut zuhören können, leicht Sprachen lernen, ausgeprägter Humor, Einfühlungsvermögen etc.*

Um für dich herauszufinden, welche Talente du in dir trägst, habe ich zum besseren Verständnis die Begabungen in Bereiche unterteilt und mit Fragen untermauert. Stelle dich nun ganz bewusst diesen und schätze je nach Intensität der Ausprägung ein, ob du in diesen Bereichen über ein Talent verfügst:

Geschwindigkeit:

Wie schnell arbeitest du? Wie schnell fasst du neue Informationen auf und verarbeitest diese? Wie schnell lernst du?

Verbales Denken:

Wie gehst du mit (Fremd-)Sprachen um? Lernst du diese schnell?

Einfallsreichtum:
Wie kreativ bist du? Fällt es dir leicht Ideen zu produzieren?
Fallen dir ohne große Anstrengungen neue Ideen ein?

Merkfähigkeit:
Wie gehst du mit (Fremd-)Sprachen um? Lernst du diese schnell?

Numerisches Denken:
Wie gut kommst du mit Zahlen zurecht? Fällt es dir leicht
Rechnungsformeln & -Aufgaben zu verstehen?

Kapazität:
Wie gut bist du darin, komplexe Informationen zu verstehen und
zu verarbeiten? Kannst du diese leicht in Beziehung setzen?

Figurales Denken:
Sind Bilder, Figuren und Objekte für dich leicht aufzunehmen, zu
verarbeiten und zu verstehen?

Sportliche Leistungen:
Ragst du in sportlichen Leistungen heraus? Erwirkst du
körperliche bessere Leistungen als andere?

Visuelles Denken:
Fällt es dir leicht visuelles Denken zu aktivieren, umzusetzen?

Systemisches Denken:
Wie gut bist du in systemischen Denken (z.B. Schach spielen)?

Musikalische Leistungen:
Wie gut sind deine musikalischen Fähigkeiten ausgeprägt? Fällt es dir leicht ein Instrument zu lernen, zu spielen?

Auch du trägst deine Talente in dir. Werde dir dieser bewusst!

Öffne deinen Blick, deine Wahrnehmung und deine Erkenntnisse dazu, indem du dir ernsthafte Gedanken dazu machst, welche Talente in dir schlummern.

Tief in dir bist du dir deiner einzigartigen Fähigkeiten durchaus bewusst.

Lege den Schleier der Bescheidenheit zur Seite, und sprich sie aus – deine Talente – die du als Gabe mitbekommen hast. Diese hast du erhalten, um dein Potenzial zu leben, um deine Lebensaufgabe zu erfüllen. Beginne damit, dass du dir ehrlich und offen diese aussprichst. Folgender Spruch bringt es gut auf dem Punkt:

Talent ist das, was du tun kannst. Motivation bestimmt, was du tust und die Einstellung entscheidet, wie gut du es tust!

Welche Talente glaubst du in dir zu haben?

Schwächen halten wach

Sicher gehörst du auch zu den Menschen, die ohne lange zu überlegen mindestens 5 ihrer hartnäckigsten Schwächen aufzählen können. Wie auch nicht? Endlose Stunden hast du damit zugebracht, um diese Schwächen zu Stärken zu machen.

Seit Jahrzehnten weißt du um deine Unfähigkeit für ein gewissen Fach (*mag dies mathematischen Verständnis sein*) und deine Erinnerung daran, dass dieses Unverständnis schon in der Schulzeit vor deiner Familie als das Gesprächsthema galt. Oder du bist deinen Erlebnissen nach der Meinung, dass du überhaupt kein Talent zum Malen. Wie auch? Schon in der Schule wurde dein mit viel Bemühen um getreue Nachahmung eines Pferdes als Katze abgetan.

Die Schwächen sind all gegenwärtig

In unserer Gesellschaft sind die Schwächen und deren Existenz immer on jour und all gegenwärtig. Schon in der Schule werden viel Zeit und Mühedarauf getrieben, um Schwächen zu Stärken zu machen, während der Fokus auf die Stärken in den Schatten fällt.

Wobei die Aufmerksamkeit auf die Stärken nicht nur auf den Menschen gehalten wird. Auch bei Dingen neigen wir Menschen dazu statt des Wertes die Schwächen hervorzukehren und ins Rampenlicht zu stellen. Gerade Frauen kennen dieses folgende Szenarium nur zu gut. Da sagt eine Freundin zu ihr: *„Oh was für ein tolles Tuch du da trägst. Das ist wirklich sehr schön und steht dir sehr gut!"* Ein wirklich schönes Kompliment, das eigentlich für Freude und ein großes Lächeln sorgen sollte. Was tut allerdings zumeist Frauen? Sie deportiert sich selbst, indem sie ganz überrascht zurückgibt: *„Was dieses alte Dinge? Ach ich weiß nicht mal mehr, wo ich das gekauft habe…"* Na kommt dir das bekannt vor?

Wenn Menschen uns für etwas ein Kompliment geben, fällt es uns schwer die Freude und Begeisterung darüber zu teilen. Das ist eigentlich sehr schade. Denn die Perspektive eines anderen Menschen eröffnet uns neue Sichtweisen, die schon etwas in Staub getauchte Dinge durchaus einen neuen Glanz verleihen können.

Wir selbst haben in der Betrachtung & Bewertung einer Sache oder Situation eine tiefere Einstellung und Haltung dazu. Dabei werten wir selbst die Dinge herunter.

Wie ist das bei dir? Hinterfrage dich kritisch wie du auf ein Kompliment oder Zuspruch von anderen reagierst?

_____

_____

Ich lege dir nahe, dass du zukünftig bei dem Erhalt eines Komplimentes dieses dankbar annimmst und dich ehrlich darüber freust. **Komplimente sind strahlende Worte der Freude, Wertschätzung und der Liebe**. Diese dankbar anzunehmen ist der beste Weg um deine Stärken zum Glänzen und zum Einsatz bringen.

TIPP

In diesem Zusammenhang empfehle ich dir, dass du fortan jedes Mal, wenn du ein Kompliment oder wertschätzende Rückmeldungen erhältst, diese in dein Potenzial-Notizbuch einträgst, mitsamt der Info wann und von wem du diese erhalten hast. Du wirst erstaunt sein, wie viele wundervolle Feedbacks du von deiner Umwelt erhältst.

Dieses Sammeln von positiver Rückmeldungen dient deiner eigenen Wahrnehmung und Anerkennung dieser.

Per wann beginnst du damit? _____

Der Vergleich mit den Anderen

Er ist allgegenwärtig und stets präsent. Wer? Der **Vergleich!** Bereits die Werbung im Internet, TV und in Zeitschriften ist darum bemüht, uns Konsumenten mit der Grundsatzfrage *„Wie gut, schön, wertvoll bin ich im Vergleich zu anderen?"* das Selbstvertrauen zu rauben. Dabei wird die kritische Frage geschürt: *„Mein Wert wird durch Dinge und Prestigeobjekte bestimmt!"*

Viele Männer verfallen dabei in den Sog der Identifikation seines Selbst mit dem Vergleichen des Vier-Räder-Gefährt. Dabei ist entscheidend die Frage: *Welches Gefährt ist cool? Was ist in?* Oder auch mal ganz verwegen: *Welches Auto fährt mein Nachbar?*

Bei den Frauen steht klar die Dominanz der Äußerlichkeit im Vordergrund. Je besser die Figur der Norm der Gesellschaft entspricht, desto wohler fühlt sich Frau im Vergleich mit ihrem Umfeld. Wo noch in den 80iger Jahren die Körpergröße 36/38 als Schönheitsnorm Stand hielt, ist dies heute zwischen 32 und 34 an Konfektionsgröße, wofür sich zahlreiche Teenager in die Magersucht hungern. Alles um der Liebe zu der Norm und dem Glauben in diesem Tun der Stärke Makel Genüge zu tun.

Dieses Handeln ist ein Leben, das zumeist im Außen geführt wird. Wenn Menschen eine zu große Wichtigkeit auf die Meinung ihrer Umgebung und Umfeld lenken, verstummt die innere Stimme und die Authentizität fällt immer mehr in den Schatten.

Obschon ein jeder Mensch ein Individuum ist - mit dem jeweiligen individuellen Körper, Geist und Seele ausgestattet - fällt die Gesellschaft immer mehr in den Sog des Wertens und des Vergleichens mit dem Anderen. Dabei rückt die einzigartige Individualität ins Abseits und die Norm der Vielzahl gewinnt an Boden. Und zudem haben die individuellen Stärken und Talente wenig Platz und Raum, wie der Ausdruck eines jeden Einzelnen durch sein Sein.

Aus diesen genannten Gründen ist es für jeden Menschen wichtig, sich von der Bewertung im Außen zu entfernen und gleichwohl selbst aus der Werte-Haltung zu treten.

Ich weiß, wie schwierig es ist, sich aus dieser Rolle des Wertens zu begeben. Von unserer Umwelt & Medien immer wieder aufgefordert, etwas mit einem Wert zu bestimmen, neigen wir dazu, nach einer kurzen Betrachtung sogleich den Wert zu bestimmen.

Dabei mag es durchaus passieren, dass ein Rotwein erst nach Bekanntgabe des Kaufpreises zu munden beginnt, während dein Wein, der aus dem Tetra-Pack stammt als Fussel abgetan wird, obwohl dieser an Geschmack und Qualität durchaus mit einem Flaschenwein mithalten kann.

Diese Betrachtungen gehen einher mit der eigenen Bewertung. Sich selbst kritisch zu betrachten und mit einem Wert zu besiegeln, mag anfangs etwas niederträchtig klingen, macht aber durchaus Sinn. Sich selbst aus den Augen einer Bewertung zu unterziehen, hat den Vorteil, dass nur du mit dir selbst ins Gericht gehst. Dies hat zur Folge, dass du keinem anderen als dir selbst gegenüber eine Rechenschaft oder Erklärung abgeben musst. Das hat durchaus Vorteile und erlaubt es dir, den Blick hinter den Vorhang zu wagen.

Frage dich deshalb nun ganz spontan und bewusst: Wie schätzt und bewertest du dich grundsätzlich auf einer Skala von 1 – 10 (wobei 10 die höchste Zahl ist) ein?

_____

Fiel dir dies schwer? Nach welchen Kriterien hast du deine Bewertung gehandhabt?

_____

Was kam dir gleich als Erstes in den Sinn?

_____

Nach was hast du dich als Erstes bewertet? Nach deinen Schwächen oder deinen Stärken?

_____

Gerne lade ich dich dazu ein, dir die obengenannte Frage in Zeitabständen von 3 – 6 Monaten erneut zu stellen. Dies wird in dir den Wandel deines Denkens, Handels und Glaubens einleiten.

Eine wundervolle Reise an der du darin teilnimmst. Und gerade, weil du der **Hauptdarsteller deines Lebens** bist, ist es dein gutes Recht dich dessen Veränderung und Wandel gewahr zu werden.

Klar lässt sich dabei der Faktor des Vergleichens nicht von der Hand weisen. Denn du wirst erkennen, dass deine heutigen Einschätzungen und abgegebenen Antworten bei deiner nächsten Hinterfragung an Dichte und Kraft gewonnen haben. Dadurch wird der Akt des Vergleichens zum Ort des Wandelns genutzt.

_____

Eine gute Schwäche ist besser als eine schlechte Stärke

Dieser Spruch von dem bekannten Chansonnier und Komponist mit armenischen Wurzeln _Charles Aznavour_ sagt vieles aus und dient zumeist für Vertreter der Schwächen-Kultur als Grund dafür, sich auf das Stärken der Schwächen zu konzentrieren.

Zudem zeigt dieser Spruch auch das grundsätzliche Verhalten unserer Gesellschaft auf, in welche eine große Aufmerksamkeit und Zuspruch auf die Schwächen der Menschen gelenkt wird. Der Ruf nach Stärken der Schwächen ist zwar nicht mehr so vehement wie noch vor Jahren, allerdings bedient sich die Gesellschaft zum Nutzen der Wirtschaft der Schwächen der Menschen.

Wie? Indem sie die Medien und das Marketing klar darauf richtet, den Menschen mit dem Aufzeigen ihrer Schwächen auf die Schwachstellen in ihre Leben hinzuweisen. Dabei werden die Schwächen der Menschen dazu benutzt um den Menschen das Gefühl und die Empfindung zu verkaufen, dass sie sich mit dem Besitzen dieses einen Dinges um vieles besser fühlen werden und ihre Schwächen zu Stärken verwandelt werden. Ist das so einfach?

Nun die Medien und die PR gehen davon aus und die gut gehende Wirtschaft belegt dies zudem. Heißt das somit, dass die Schwächen auch ihre Stärken somit ihre Berechtigung haben? Sozusagen, das Schwächen kraftvoll und energiegeladen sind? Schauen wir uns dies näher an.

Die große Kraft der Schwächen

Es ist immer wieder unglaublich zu verfolgen, wie ein negatives Feedback oder passive Worte den Menschen beschäftigen. Wenn von 100 Kunden bei einer Befragung 95 löbliche Worte über die Behandlung des Therapeuten kundtun, wird sich der Therapeut zumeist nicht über diese 95% positive Rückmeldung freuen. Stattdessen fragt er sich, was er alles falsch gemacht hat, dass 5 seiner Klienten keine wohlwollenden Worte über ihn und seiner Therapie abgegeben kann. Das Verhältnis steht überhaupt nicht im Vergleich zu den Fakten. Und doch neigt der Mensch dazu seinen ganzen Fokus auf diese 5% zu lenken.

Durchaus lässt sich nicht von der Hand weisen, dass bei diversen Konstellationen etwas Schwaches an enormer Kraft und Auswirkung gewinnt. Dies lässt sich perfekt anhand folgenden Beispiels aufzeigen:

! Ein Liter Wasser besteht aus circa 20.000 Wassertropfen. **Um davon mindestens 1000 Liter zu versuchen, reicht dazu tatsächlich nur einen kleinen Tropfen Öl.**

In diesem Fall ist dieser kleiner Tropfen Öl schädlich und hat die Kraft weit über sein Tausendfaches an Wasser zu verunreinigen. Wenn wir allerdings das Öl in den Öltank von einem Auto schütten, stellt dieses 1 Liter Öl sicher, dass unser Automotor geschmeidig läuft.

Was ist die Resonanz dessen? Auch Schwächen haben ihre Berechtigung. Es kommt immer auf die Sichtweise, die Platzierung, den Einsatzort und die Nutzung daraus an. Dies bedeutet, dass eine Schwäche von dir durchaus eine wertvolle Stärke sein kann, wenn diese in den dafür passenden Rahmen und Umfeld platziert wird.

Was nimmst du als wertvolle Information mit?

_____

Die Schwäche in eine Stärke wandeln... Geht das?

Was ich allerdings im Alltag und auch in diesem Buch vermeide, ist den Fokus auf die Stärkung der Schwächen zu legen. Ich persönlich ziehe es vor Energie auf die Stärken zu lenken.

Auch wenn die Schwächen – wie oben aufgezeigt – durchaus auch unter gewissen Umständen und Bedingungen zu Stärken werden können und in diesen Situationen sehr hilfreich sind.

Allerdings liegt es mir am Herzen, dir auch aufzuzeigen, dass deine wohl schon das Eine oder andere Mal verpönte Schwäche durchaus auch seine Zeit und seinen Auftritt hat. Und auf die Frage hin, ob es sinnvoll ist deine Schwäche in eine Stärke umzuwandeln, kann ich dies mit einem klaren NEIN beantworten. Nein deshalb, da dies sehr viel mehr an Kraft und Energie kostet, als wenn du versuchst, deine Stärken zu Stärken.

TIPP Es ist wie mit dem Unkraut. Wenn du einen wundervollen Garten mit Blumen hast, musst du einzig dafür sorgen, dass die Blumenpracht an Breite und Höhe gewinnt, sodass das Unkraut am Boden weder Licht noch Platz hat und dadurch von selbst immer weniger wird.

Es gibt zahlreiche Bücher darüber, wie du es schaffst aus einer Schwäche eine Stärke zu machen. In diesem Buch behandle ich dies nicht. Warum?

**Es kostet dich weitaus mehr Kraft und Energie
eine Schwäche in eine Stärke umzuwandeln,
als eine bereits existierende Stärke zu Formen und Toppen.**

Aus diesem Grund möchte ich dich dazu einladen dich intensiver mit deinen Stärken auseinanderzusetzen. Möchte ich dich darin bestärken, dich bewusst und aktiv daran zu machen mit deinen Stärken Tolles für dich, dein Umfeld und Menschheit zu tun.

Deshalb entscheide nun: Ab wann beginnst du deinen Fokus von deinen Schwächen abzuwenden und auf deine Stärken zu lenken?

_____

Was ist dein Resümee aus diesem Kapitel? Was nimmst du mit?

_____

_____

_____

Meine 5 wichtigsten Erkenntnisse aus diesem Kapitel sind:

Stärken machen stark

Eine der wichtigen Voraussetzungen für ein glückliches, erfüllendes Leben ist es seine Stärken zu kennen, zu nutzen und sie auszuleben. Gerade wenn es darum geht, erfolgreich zu sein, sind das eigene Wissen und die Kenntnis deiner Stärken unverzichtbar. Der klare Fokus und die Energieverlegung auf seine Stärken sind entscheidend dafür, ob du erfolgreich bist oder nicht.

Die weite Welt wartet auf dich und deine Stärken

Laut Google lebten 2017 insgesamt 7.53 Milliarden Menschen auf der Erde. Stelle dir diese enorme Zahl in seiner beeindruckenden Größe an Menschen vor. Kaum vorstellbar... Wenn wir dieses Wissen an Menschen nun nehmen und uns zudem vorstellen, dass ein jeder einzelne davon über seine eigenen individuellen Fähigkeiten verfügt, bricht dies grenzenlose und zudem endlose Möglichkeiten auf. Es scheint unmöglich greifbar zu sein, was für ein Potenzial diese Menschen an sich haben, um im wohlwollenden Einsatz ihrer Stärken und Talenten zum Wohle ihres Umfeldes und Umwelt Sagenhaftes erreichen könnten.

Fakt ist, dass der effektive Einsatz von diesen individuellen Stärken und Talenten durch die Tatsache ihres Herkunftslandes entscheidend beeinflusst wird. Laut Internet leben 76% der Weltbevölkerung in der Dritten Welt. Dies bedeutet, dass diese Menschen nur bedingt bis gar nicht aufgrund ihrer Lebensumstände mit Einsatz ihrer Stärken und Talente auf ein besseres Leben hinarbeiten können.

Umso wertvoller erscheint es mir dir mit diesen Zahlen und Fakten das Privileg darzulegen, dass dir als Mensch, der in einem kapitalistischem Land lebend alle Türen und Tore offen stehen, um deine individuellen Stärken und Talente zu nutzen!

Diese Gaben wurden dir als Zugabe, als Geschenk mitgegebenen. Es ist somit deine Entscheidung, was du effektiv damit machst. Allerdings halte dir eine Tatsache bei deiner Entscheidungs-findung deiner nächsten Schritte klar vor Augen: Was glaubst du, würden die über 5 Milliarden Menschen in der Dritten Welt dafür geben um in deiner Situation der Entscheidung zu sein? Vieles!

Ja, wir sind privilegiert und deshalb dazu verpflichtet das Beste daraus zu machen! Mit dem Einsatz deiner individuellen Stärken und Talente wirst du vieles bewirken. Eventuell bist du einer derjenigen der mit seinen Ideen das Ungleichgewicht der Dritten Welt auszugleichen weiß. Wäre durchaus möglich… Was nimmst du für Erkenntnisse aus diesen Zeilen mit?

_____

Was ist eine Stärke?

Im normalen Sprachgebrauch wird das Wort **Stärke** mehrheitlich für etwas bezeichnet **worin wir gut sind**. Das stimmt durchaus. Allerdings bergen Stärken ein größeres Potenzial in sich. Denn…

Stärken sind eine Kombination aus Talenten, Fertigkeiten & Wissen, deren Ausprägung ganz individuell ist.

Im Idealfall fließen alle 3 Komponenten zusammen. Während ein Talent nicht angeeignet werden kann, können Stärken willentlich entwickelt, ausgebaut und gesteigert werden. Somit haben wir selbst die Wahl, welche Stärken wir aufbauen wollen und welche nicht. Teamfähigkeit kann durchaus antrainiert werden, ebenso das Durchsetzungsvermögen. Da bringt Übung durchaus Meister aufs Feld. Allen voran benötigt es aber entscheidende Komponenten ohne die nichts geht:
Der **unbeugsame Wille, Interesse, Passion & Motivation!**

Die starke Macht der Motivation & Passion

Wir haben in dem Vorkapiteln bereits thematisiert, dass Talent alleine noch kein Garant für Erfolg bzw. für die Entwicklung und Aufbau einer Stärke ist. Wenn dein Herz danach schlägt und du alles um dich herum vergisst, schlichtweg in dem Tun aufgehst, bist du voller Passion und Motivation an dem Agieren dran. **Das ist der enorm wichtige Baustein in dem Ausbauen deiner Stärke!**

Bei dem Aufbau einer Stärke ist es entscheidend, dass **eine Sache gerne gemacht wird, du sozusagen mit Passion tust**. Nur wenn du etwas mit wahrem Vergnügen und mit großer Freude tust, ja gar liebst, werden herausragende Resultate erzielt. Dadurch schenkst du positive produktive Energie!

Somit lässt sich zusammenfassend sagen, dass eine **Stärke eine konsistente Leistung bei einer bestimmten Tätigkeit definiert, die in seiner Form nahezu perfekt ist.** Dabei ist der Flow Zustand beim Einsatz einer Stärke nicht selten und ein Zeichen dessen, das gerade einer deiner Stärken von dir im Einsatz ist.

Fallen dir gerade weitere deiner Stärken ein? Schreib diese nieder:

_____

_____

Keiner ist wie du und das ist einer deiner Stärke
…ein sehr kraftvoller Satz mit einer wichtigen Botschaft:

Schon allein dein Sein, deine Individualität macht dich zu einem außergewöhnlichen Menschen.

Genauso ist es! Du hältst mit der Fähigkeit des Denkens ein vielfältiges Leben mit allen Facetten in deinen Händen, dass durch den Einsatz deiner Kreativität entscheidend zu deiner ganz Erfolgsgeschichte beiträgt.

Viele Menschen sehen sich als normal und gewöhnlich an. Erkennen nicht, dass die Summe ihrer Fähigkeiten, Talente, Stärken, Kenntnisse sie zu einem wunderbaren Menschen machen, der dazu bestimmt ist, das Leben mit all seiner Schönheit zu erleben und glücklich zu sein.

Stattdessen peinigen sie sich mit Vorwürfen, nicht förderlichen Mustern, negativen Programmen und dem Gefühl des Nicht-Genügens. Es ist wichtig, sich vorab diesem Reichtum an inneren Schatz bewusst zu werden. Sei deshalb darum bemüht, deinen Blick vom Tellerinhalt abzuwenden und stattdessen über den Tellerrand zu blicken. Je mehr du dies tust und übst, desto mehr wirst du erkennen, was für einen Schatz an Menschen du bist.

Erkenne den einzigartigen Schatz deiner Individualität!
Nimm' diese mit willkommenen Armen an.

Wie schätzt du dich dazu selbst ein? Was genau schätzt du an deiner Einzigartigkeit? Sei darauf bedacht, dies frei heraus und wertfrei zu beantworten. Es gibt kein richtig oder falsch, sondern nur deine ganz individuelle Betrachtung.

_____

_____

Kinder sind uns tolle Beispiele
Kinder haben eine unglaubliche Selbstsicherheit & stellen ihr Tun selten in Frage! Du kannst dies wunderbar beobachten, indem du Kinder in ihrem unkomplizierten Handeln zuschaust.

Das eigene „innere Kind" wird aus dem Tiefschlaf geweckt, wenn du dir die Zeit und die Muse gönnst, Kinder dabei zu beobachten, wie sie sich ohne langem Wenn und Aber mit Elan und dem genauen Wissen – es klappt bald - zum zigsten Mal aufrappeln, nachdem sie mehrmals zu Boden fielen. Oder zu beobachten, wie sie neugierig und tief konzentriert mit einem unbekannten Objekt auseinandersetzen. Dabei ist es komplett irrelevant, was sich nebenan zuträgt. Ihre ganze Aufmerksamkeit und Interesse gelten jenem Objekt. **Ihr Forschungsdrang behält die Oberhand!**

Mit all diesem Handeln formen sich Talente zu Stärken, die bereits von Kindesbeinen an ihren Weg der Stärkung und Entwicklung finden. Je intensiver dieser Freiraum an Experimentieren und Kreieren die Erwachsenen diesen kleinen Menschen ermöglicht, desto grösser und breiter ist ihr Lernen und Entwicklung in seinen individuellen Stärken.

Leider ist dabei das hiesige Erziehungsmodell nicht wirklich hilfreich. In ein System gedrängt, wo das Entdecken und Ausleben seiner Individualität primär keinen Raum, werden Kinder mit ihrer vorbehaltenen und herrlich unschuldigen Art des Denkens, Agierens und kreativen Denkens dazu getrimmt, tunlichst sich der Norm, sprich der Masse anzupassen. Sie werden zu Schafen gemacht, die im Befehl hintereinander herrennen und den innerlichen Drang des Ausbrechens, des Auslebens der eigenen Individualität erwürgen.

Du findest dies sind harte Worte? Leider sind dies reelle Wiedergaben, die wir in unseren Schulen tagtäglich erleben.

Umso wichtiger ist es für alle Eltern der Welt, ihren Kindern mit allen Kräften einen Freiraum zu ermöglichen, in welchen sie vorbehalten und ohne Zwänge ihre Individualität ausleben und erkennen können. Sei dies in dem du ihr kreatives Werken förderst, sie dazu ermutigst ihrer inneren Stimme sprechen zu lassen oder z.B. ihnen mit Worten immer wieder sagst, **wie wunderbar sie auf ihre Art sind.**

Überlege dir dazu, ob du Kinder (eigene, Neffen/Nichte, Patenkinder) in deiner Familie oder Freundeskreis hast, die du in ihrer Entwicklung und Erforschen ihrer Stärken und das Erkennen ihrer Individualität unterstützen kannst. Welche Kinder sind dies?

_____

Wie genau wirst du sie unterstützen? Mit welchen Aktivitäten?

_____

_____

Ab wann beginnst du damit? _____

Kinder sind ein wunderbares Beispiel in Bezug auf Spontanität, Kreativität. Sie tun einfach nach was ihnen ist. Sie überlegen nicht, wie dies aussehen könnte oder ob dies der Norm entspricht.

Ebenso wenig vergleicht sich ein Kind mit anderen. Dies beginnt erst in Schulalter, wo es lernt, welchen Einfluss Unterscheidungen haben. Je älter sie werden, desto mehr passen sie sich dem System und der Gesellschaftsform an. Die Individualität rutscht immer mehr ins Abseits und verliert an Wichtigkeit und Priorität. Dies ist gerade meinen pubertierenden Kindern zu sehen, die ganz heiß und wild auf die Anpassungen und das Angleichen an ihren Freunden ist. Da gilt ein Mensch, der sich all diesen Maßstäben widersetzt und sich stattdessen auf seine eigene Individualität konzentriert als Außenseiter, als Freak!

Wie war das bei dir? Welche Erinnerungen hast du dazu?

_____

Wurdest du als Kind gefördert? Bei was? Und wie?

_____

Fiel dir diese Übung leicht oder eher schwer?
Hattest du Mühe dich überhaupt daran zu erinnern? Das mag durchaus der Fall sein. Das menschliche Gehirn ist bestens darauf trainiert, unangenehme Erlebnisse in Schubladen zu packen und diese bestens abzuschließen. Zum Eigenschutz!

Der 1. Schritt heißt Loslassen
Dich bewusst von diesen vergangenen Erlebnissen zu lösen, ist ein wichtiger Schritt. Der 1. Schritt - ohne dem nichts geht! Nur DU alleine kannst diese Entscheidung des Loslassens treffen, der als entscheidender 1. Schritt gilt.

Frage dich somit: Möchtest du Vergangenes loslassen um dadurch leichter deine Individualität zu erleben? Wobei handelt es sich?

_____

_____

Der 1. Schritt ist getan, indem du die Schublade geöffnet hast und dieses Erlebnis oder Erfahrung aus der Versenkung geholt hast.

Je nach Grad der emotionalen Verletzungen, dass du als Kind erlebt hast, ist es entscheidend, ob du dich alleine diesen Geistern aus vergangenen Zeiten stellst oder dich zusammen mit einer Person deines Vertrauens auf den Weg der Befreiung machst.

Zudem muss dir bewusst sein, dass **du Vergangenes nicht ändern kannst.** Diese Seiten in deinem Buch sind geschrieben und können nicht mehr abgeändert werden.

Allerdings hast du die wahre und kraftvolle Stärke in dir, in Frieden mit diesem Erlebnis zu kommen. Denn obwohl du den Eindruck hast, dass dich diese Erfahrung aus der Vergangenheit nicht mehr auf den Schultern liegt, so formt es doch dein Denken, bestimmt es dein Handeln mit und lässt dich in deiner Entscheidung nicht unbeeinflusst.

Dies ist Teil von uns und wie unser Gehirn funktioniert. Es sammelt wertfrei Informationen und speichert diese systematisch ab wie auf einer Festplatte. Unser Körper bunkert diese Informationen klar nach Fakten sortiert und ruft diese ab, wenn in irgendeiner Form danach verlangt wird. Dies alles passiert in uns völlig eigenständig, und ohne dass wir darüber nachdenken.

Die gute Nachricht ist: Du hast durchaus Einfluss wie du mit diesen Schubladen umgehst. Frage dich: Welche Stärken in mir haben sich durch dieses Erlebnis/Erfahrung geformt?

_____

Wie nutze ich diese Stärke in meinem täglichen Leben?

_____

Wie gesagt: **Deine Vergangenheit kannst du nicht ändern.** Dies ist in Stein gemeißelt. Allerdings steht es dir frei, deine Erkenntnisse und Lehre daraus zu ziehen. Wobei du dich darauf fokussieren solltest, die positiven Lehren und Erkenntnisse zu erkennen. Falls du noch Greul und tiefe Enttäuschung in dir spürst, hast du nun die Möglichkeit, diese Freizulassen und ins Nirvana zu schicken. Denn statt hilfreich sind dir diese Emotionen eher hinderlich. Frage dich deshalb erneut: Was hast du aus diesen Erfahrungen gelernt? Welche positiven Botschaften nimmst du daraus mit?

_____

_____

Falls deine negativen Erlebnisse zu stark sind, ist der Weg der Hilfeannahme von außen durchaus eine empfehlenswerte Lösung. Bei tiefsitzenden negativen Erfahrungen ist die Betreuung und Unterstützung eines Therapeuten (*wie z.B. Kinesiologie – damit habe ich persönlich ganz tolle Erfolge erzielt - siehe dazu im Anhang eine Erläuterung*) sehr hilfreich.

Wage deshalb den Schritt des Loslassens indem du deine hartnäckigen tiefen Wunden - verursacht durch unschöne Erlebnisse mit der Hilfe von außen - loslässt.

**Das ist keine Schwäche sondern
ein Zeichen von wahrer Stärke.**

Denn dies erlaubt es dir, dein ganzes Potenzial an Stärken und Talenten zu leben und auszukosten.

Arten von Stärken

Stärken sind nicht gleich Stärken! Um deine Stärken auf die Spur zu kommen, ist es nützlich zu wissen, dass es unterschiedliche Arten von Stärken gibt. Im Bereich Soft Skills werden die Stärken in analytische, entdeckende, stabilisierende, praktische, kooperative Stärken unterteilt. Schauen wir uns dies genauer an.

Analytische Stärken

Eine Person mit analytischen Stärken hat die Fähigkeit ein Problem rasch zu erkennen und zu lösen. Dabei durchleuchtet er bestimmte Sachverhalte, erkennt rasch Zusammenhänge, strukturiert diese, interpretiert und zieht die richtigen Schlüsse und Konklusion daraus.

Beispiele für analytische Stärken sind: Organisieren, Planen, Budgetieren, Strukturieren, Rechnen, Festlegen von Regeln, etc. Erkennst du dich in dieser Erklärung wieder?

Entdeckende Stärken

Hingegen geht ein Mensch mit entdeckenden Stärken darin auf, neue Wege, Produkte und Lösungen zu finden. Diese Person hat eine enorme Fähigkeit, über den Tellerrand zu blicken und sich neue Perspektiven anzueignen.

Beispiele für entdeckende Stärken sind: Erschaffen, Kreieren, Erfinden, Erkunden, Ideen entwickeln, Eingehen von Risiken, etc. Erkennst du dich in dieser Erklärung wieder?

Stabilisierende Stärken

Gerade Menschen die auf Harmonie und Stabilität fokussiert sind, tragen stabilisierende Stärken in sich. Für sie ist es eine Berufung, anderen die Stabilität zu gewährleisten.

Beispiele für entdeckende Stärken sind: Beraten, Therapeutische Tätigkeiten, Helfen, Unterstützen, Fürsorge, etc.
Erkennst du dich in dieser Erklärung wieder?

Praktische Stärken

Menschen die wahrsten Sinn des Wortes Hand anlegen, verfügen über praktische Stärken. Sie gehen in dem Formen und Arbeiten mit ihren Händen auf. Sind als Anpacker und Macher bekannt.

Beispiele für entdeckende Stärken sind: Körperliche Aktivitäten, Handwerkliche Tätigkeiten, etc. Fühlst du dich angesprochen?

Kooperative Stärken

Menschen die gerne anderen helfen, ihnen zur Seite stehen und sie unterstützen, tragen die kooperativen Stärken in sich. Sie teilen gerne ihr Wissen und lieben die Arbeit mit den Menschen.

Beispiele für entdeckende Stärken sind: Lehren, erziehen, beraten, unterstützen, pflegen, ausbilden etc.

Erkennst du dich in dieser Erklärung wieder?

_____

Hast du dich in diesen Erläuterungen wiedererkannt? Nimm' diese Information mit in den Alltag und beobachte dich selbst. Frage dich: Welche dieser Stärken trage ich in mir?

_____

Kennst du deine Stärken?

Nun geht es klar darum, dass du für dich deine Stärken klar machst. Dir dieser bewusst wirst. In den Vorkapiteln haben wir die Unterschiede, verschiedenen Sichtweisen und Perspektiven besprochen. Nichtsdestotrotz trägst du deine ganz individuellen Stärken in dir, die Teil von dir und deiner Persönlichkeit sind. Halte diese nun hier fest! Benenne diese:

Welche Stärken trage ich in mir? Als Unterstützung greife ruhig zu der alphabetischen Stärken-Liste am Ende des Buches.

_____

_____

Falls du nun beim Beantworten dieser Frage ernsthaft ins Strudeln kamst, dann sei dir gewahr, dass dies nichts Ungewöhnliches ist.

Wir Menschen neigen dazu, uns viel mehr mit unseren Schwächen auseinander zu setzen, als mit unseren Stärken. Dies zum Einem aufgrund unserer Erziehung, in welcher wir z.B. bereits in der Schule mehr für unsere Fehler und Missverhalten gerügt wurden, als unserer Vorzüge wegen hervorgehoben wurde.

Während sich zum Einem ein jeder Mensch über ein Kompliment, eine Äußerung des Wohlwollens über seine Handlungen oder schlichtweg über ein positives Feedback freut, so fällt es uns schwer, diese positiven Rückmeldungen als Nährboden für das Aufbau eines festen Selbstverständnisses zu verstehen. Mit dazu gehört dabei das Kennen und Anerkennen seiner Stärken.

Aus diesem Grund ist die investierte Zeit um deine Stärken auf den Grund zu gehen eine gute Investition. Denn diese ist entscheidend über deine Zukunft.

Du packst somit deinen Rucksack mit dem Wissen über deine Stärken und weißt genau was für Kompetenzen, Eigenschaften und Fähigkeiten du in dir trägst, die du je nach Bedarf einsetzen kannst.

Es ist wie beim Kochen. Um ein Festmahl zu richten, benötigt es für ein bestimmtes Gericht unverzichtbare Zutaten. Erst wenn du dir sicher bist, dass du all diese vor Ort zusammen hast, beginnst du mit dem Kochen.

**Dir deiner Stärken bewusst sein & diese einzusetzen,
ist ein Granat für
dein erfolgreiches und glückliches Leben!**

Was sind deine Erkenntnisse aus diesem Kapitel?

_____

_____

_____

Meine 5 wichtigsten Erkenntnisse aus diesem Kapitel sind:

1a Team: Talente & Stärken

Im vorhergehenden Kapitel haben wir uns eingehend mit den Schwächen und die Kraft dieser zum Teil sehr hartnäckigen Programme und Muster angesehen, die das Leben recht zu sabotieren weiß. Im Gegensatz dazu stehen die Stärken und Talente, die erkannt, wahrgenommen und bewusst in Einsatz kommend Unglaubliches bewirken und schaffen können. Sehen wir uns dieses Wunderwerkzeug des Erfolg-Teams in diesem Kapitel genauer an.

Das ABC der Stärkenforschung

Gleich zu Beginn gilt es die klare Differenzierung der unterschiedlichen Begrifflichkeiten aufzugreifen. Dabei dient dieses Thematisieren der Sicherstellung des gleichen Wissenstands dem die folgende Erklärung zugrunde liegt.

Nicht selten sprechen die Menschen von ein und demselben Begriff, wobei aber jeder etwas gänzlich anderes meint. Dies führt sodann zu Missverständnis, unerfüllten Erwartungen, ja sogar zu großer Enttäuschungen, die mit dem einfachen Darlegen des Verständnisses bereinigt werden kann.

Welche Begrifflichkeiten kommen somit in Bezug auf Stärkenforschung zum Tragen? Im Folgenden gebe ich einen kurzen Abriss über die zentralen Begriffe aus der Forschung zu Thema Stärke wieder, die in der Orientierung der Vielfalt der Begriffe durchaus hilfreich sein mag.

Was bedeutet SCHWÄCHE?

Nach Oxford Dictionary wird eine Schwäche als ein *„Gebiet, auf dem es uns an Können mangelt"* bezeichnet. Was sagt uns diese Definition aus? Wie diese Beschreibung bereits einläutet, handelt es sich bei einer Schwäche um einen Mangel und nicht um das

Fehlen einer bestimmten Fähigkeit. Es mag durchaus sein, dass wir mit der Konfrontation des Fehlens dieser Fähigkeit deshalb unsere Mühe haben, weil wir einfach keine Freude oder Passion dabei empfinden, diese Fähigkeit auszubauen. Dementsprechend werden keine beeindruckenden Resultate erzielt und der Mangel der Fähigkeit bleibt bestehen.

Wie bereits im Vorfeld behandelt, sind Schwächen meisten irrelevant. Statt eine immense Zeit und Energie in das Aufbauen von Schwächen zu stecken, ist es weitaus sinnvoller, sich auf seine Stärken zu konzentrieren und die Schwächen aus dem Fokus zu lenken. Erlaube dir somit den kritischen Blick und Frage wie folgend: Welche deiner Schwächen haben an Kraft verloren?

_____

_____

Was hat es mit der KOMPETENZ auf sich?
Der Ursprung dieses – gerade im Arbeitsbereich, Weiterbildungs-bereich und Personalentwicklung viel verwendeten - Begriffes kommt aus dem Lateinischen *competere* und bedeutet *„zu etwas fähig sein"*. Somit lässt sich durchaus zusammenfassen, dass mit Kompetenzen all jenes Wissen, Fähigkeiten, Kenntnisse, Praktiken, Erfahrungen und Denkmethoden gemeint sind, die der Mensch von Klein bis zum Ende seines Lebens erwirbt und in sich aufnimmt. Ein weiterer entscheidender Hinweis ist die Tatsache, dass durch den Einsatz und Verwendung einer Kompetenz somit sichtbar ist ob die Person über jene Kompetenz verfügt.

Dies führt klar zu der Erkenntnis, dass Kompetenzen angeeignet und erlernt werden müssen. Frage dich über welche Kompetenzen du deiner Meinung nach verfügst?

_____

Wie steht PERFORMANZ dazu?

Das Wort Performanz kommt ursprünglich aus dem englischen Wort *performance* und steht gleichbedeutend für Verrichtung und Ausführung einer Handlung oder Aktes. Dieser Begriff findet nicht nur seine Verwendung im Bereich des Entertainments, sondern ist ebenso in der Hinterfragung der Verrichtung und Erledigung einer Arbeit gerade im Arbeitsbereich eine gerne benützte Begrifflichkeit. Das weist auf den Kern mit dem Wort - Form - hin, gleichbedeutend mit dem Verständnis, dass sich die Form von etwas verändert.

Während der Begriff Kompetenz die latente Fähigkeit der Ausführung einer bestimmten Aufgabe ausdrückt, so erläutert die Performance die tatsächliche Ausführung einer Aufgabe.

Bei welcher Performanz hast du brilliert und bist stolz darauf?

_____

_____

Was bedeutet der Begriff FAEHIGKEIT?

Dieser Begriff setzt voraus, dass ein Mensch zu etwas bestimmten befähigt ist. Dies mag eine geistige oder praktische Anlage sein und ist Voraussetzung für das Erbringen einer Leistung, die zusammen mit der Motivation erforderlich ist.

Entscheidend bei den Fähigkeiten ist die Tatsache, dass einerseits Fähigkeiten angeboten sind und als Begabungen gelten. Ebenso können Fähigkeiten durchaus angeeignet und erworben werden und sodann als Fertigkeiten gelten. Die Intensität und Ausprägung wird von der Individualität des Menschen bestimmt und ist somit nie identisch.

Zum Beispiel ist eine Schreiben eine Fähigkeit und Talent zugleich. Wie das? In der Schule erhält das Kind die Fähigkeit des

Schreibens, indem es Schritt für Schritt die Schritte des Schreibens durchläuft. Diese Fertigkeit kann jeder Mensch erlernen. Allerdings heißt dies nicht, dass die Person das Talent hat ein erfolgreicher Schriftsteller zu werden.

Die Fähigkeit, etwas zu tun, ist eine unausweichliche Voraussetzung, um eine Fertigkeit zu erwerben. Talent nicht.

Mit welchen Fähigkeiten konntest du tolle Leistungen erwirken?

_____

_____

Obwohl jeder Begriff für sich seinen Anspruch auf Verständnis hat, haben alle Begriffe eines gemeinsam: Je besser deren Verständnis der Nutzung ist, desto besser wird der Mensch in der Kommunikation und im Leben davon profitieren.

Die zwei Hauptakteure _Talente_ und _Stärken_

Ja, als das 1a Team sehe ich die **Talente & Stärken** an. Warum? Jedes Talent und jede Stärke ist ein Mehrwert der besonderen Art. **Zusammen sind sie unbestechlich, einzigartig und ein Pulverfass an unbegrenzten Möglichkeiten, Optionen und Varianten.** Umso wichtiger ist es, du dir beider Ressourcen klar bist und diese entsprechend nutzt. Wichtig ist zu verstehen, dass

Stärken und Talente nicht ein & dasselbe sind.

Es gibt gravierende, entscheidende Unterschiede. Wohl wird dies von vielen Menschen so verstanden, will ich das Mysterium dieser zwei so starken Begrifflichkeiten hier unter die Lupe nehmen.

Worin liegt der Unterschied zwischen Talente & Stärken?

Zwischen Stärken und Talenten gibt es Unterschiede. Um diese

Unterschiede klarer und sichtbarer aufzuzeigen, dienen folgende Beispiele im Vergleich:

TALENT:	Baut leicht eine vertraute Verbindung zu Fremden auf
STÄRKE:	Aufbau & Pflege eines breiten Netzwerkes

TALENT:	Menschen leicht von etwas überzeugen können
STÄRKE:	Erfolgreich im Verkauf

Schrittweise & Erläuterung der Unterschiede:

Sachverhalt: Ein Verkäufer möchte ein Produkt verkaufen.

Was passiert? Der Verkäufer kombiniert bewusst sein Talent *„baut leicht eine vertraute Verbindung zu Fremden auf"* mit seinem zusätzlichen Talent *„Menschen leicht von etwas überzeugen zu können"*. Dabei baut auf das profunde Wissen auf, das er sich über das Produkt angeeignet hat (*Aufbau seiner Kenntnisse*) und nutzt sowie setzt am Ende seine Stärke der Verkaufsfertigkeit ein.

Vorgang: Dafür lernt der Verkäufer die Eigenschaften des Produktes kennen (*Wissen*). Ebenso schult er sich entsprechend um während des Verkaufsgespräches die richtigen Fragen zu stellen und baut dadurch seine Stärke (*erfolgreich verkaufen*) aus.

Ergebnis: Der Verkäufer schafft es im Einsatz seiner Talente & Stärken im richtigen Moment mit der richtigen Methode den Kunden dazu zu bringen, dass er sich für das Produkt entscheidet.

Der entscheidende Faktor ist hierbei die Kombination der Talente und Stärken, die diese Situation erfolgreich zum Schluss brachte.

Die Konklusion daraus ist das Verständnis, dass der Schlüssel zur vollständigen Entwicklung einer Stärke in der Erkennung seiner Talente liegt.

Was nimmst du aus diesen Zeilen für dich mit?

_____

Wie wichtig sind deine Talente & Stärken für deinen Erfolg?
Wie haben schon festgestellt, dass **Talent alleine nur ein rohes Stück Metall ist. Der Fleiß prägt er es erst und bestimmt dadurch seinen wahren Wert.**

Nur wenn du mit Einsatz deiner Talente an deinen Stärken feilst, schraubst und arbeitest, wird der Erfolg sich einstellen. Entscheidend ist dabei, wieviel Zeit, Elan, Motivation und Passion du in dieses Projekt ICH einsetzt.

10.000 Stunden-Regel
Sicherlich hast du von der 10.000 Stunden Regel schon mal gehört, das Synonym für „*Übung macht den Meister*", die von Anders Ericsson 1993 formuliert wurde. Dabei besagt diese Regel, dass rund 10.000 Stunden an Übung gepaart mit Ausdauer, Disziplin, Fleiß und der feste Glauben an sich nötig sind, um die Chance auf einen Platz in dem Weltklasse-Ranking zu haben. Im Gegensatz dazu gibt es Studien die das Erreichen von Erfolg von der gängigen Zahl von 10.000 auf 5.000 als Maßstab sehen.

5.000, 7.500 oder doch 10.000...?! Alle Profisportler, Musiker, Tänzer bestätigen grundsätzlich eines:

**Der Einsatz deiner Talente & Stärken
gemischt mit Passion für die Sache an sich,
gepaart mit Disziplin, Ausdauer und den eisernen Willen
sind die Boten für Erfolg!**

Bist du bereit, diese Komponenten einzusetzen? _____
Was nimmst du aus diesem Kapitel für dich mit?

_____

Meine 5 wichtigsten Erkenntnisse aus diesem Kapitel sind:

Dein Potenzial ist enorm

Du hast ein Ziel? Einen Wunsch? Du möchtest etwas erreichen? Du wünschst dir weiterzukommen? Dann kommst du nicht umhin, dein Potenzial auszuschöpfen!

Mit dem Entfalten deines Potenzials öffnest du dir Türen, ergeben sich neue Wege und du wirst eine dir bisher unbekannte Seite kennenlernen. Du fragst dich nun, was es denn nun schließlich alles braucht um an deinem Potenzial anzuzapfen? Gute Frage! Das sehen wir uns in diesem Kapitel genauer an.

Was ist mit Potenzial überhaupt gemeint?
Das Wort "Potenzial" stammt vom lateinischen Namen "*potentia*" ab, das übersetzt *Macht, Stärke* und *Gewalt*, aber auch *Einfluss, Fähigkeit und Vermögen* bedeutet. Aus den letzteren Begriffen leitet sich auch der heutige Sinn des Wortes "*Potenzial*" ab. Es wird verwende, um die bestimmte Eigenschaft eines Menschen zu beschreiben, kommt aber auch in unterschiedlichen Fachgebieten zum Einsatz.

Im Sprachgebrauch fällt oft der Satz: „*Diese Person hat dieses Potenzial…*". Gemeint ist damit, dass dieser Mensch die Fähigkeit hat körperliche oder geistige etwas zu entwickeln oder auszuschöpfen um bestimmte Leistungen zu erbringen. Andere Menschen setzen daher Hoffnungen in diese Person um Ziele zu erreichen, die noch einer gewissen Entwicklung bedürfen.

So kann ein Wissenschaftler "*Potenzial*" haben, was bedeutet, man traut ihm zu, in der Zukunft bedeutende geistige Errungenschaften zu erzielen. Ebenso können Ideen, Theorien oder Werke "Potenzial" haben und damit möglicherweise bahnbrechende Neuerungen durchsetzen. Ein Sportler mit

"Potenzial" hingegen verfügt über die körperliche Kraft und Disziplin, die ihn dazu bringen könnten und möglicherweise werden, in der Zukunft zu einem Spitzenathleten zu avancieren. Kurz um:

**Als Potenzial wird schlichtweg
die Fähigkeit zum Entwickeln verstanden.**

Das Wort Ent-wickeln trägt die Handlung des Wickelns in sich. Sich sozusagen mit neuem Wissen einwickeln, macht dich stärker, robuster und stattet dich neu aus.

Genauso wie das Wort Ent-scheiden, das Wort Scheiden einleitet. Sich dazu ent-scheiden, dass du dein Potenzial ab sofort ausschöpfen möchtest, lässt dich von jenem Weg der Passivität und Resignation scheiden. Deshalb:

Ent-Scheide dich dazu, dich zu Ent-Wickeln!

Verfügst auch du über dieses Potenzial?

Ja! Jeder Mensch trägt dieses Potenzial in sich! Verfügt darüber. Es ist in deinen Genen verhaftet, in jeder Zelle deines Körpers gespeichert und wird aktiviert, sobald dies abgerufen wird.

Das heißt somit für dich, dass du einen wertvollen Schatz in dir trägst. Ein Geschenk der Mutter Natur, das in dir seit deiner Geburt schlummert. Es mag durchaus sein, dass du bereit dein Potenzial angekratzt hast. Es ansatzweise gereizt und somit geweckt hast, indem du dich bereits auf dem strebsamen Weg der Entwicklung begabst.

Falls du dir wirklich ernsthaft die oben gestellt Frage gestellt hast, ist dies ein klares Zeichen dafür, dass du noch nicht erkannt hast, was für ein enormes Kraftbündel du da in dir trägst. Der bildlich gesprochene Ansatz von: *„Du kannst Berge versetzten..."* ist mit dem Einsatz deines Potenzials wahrlich wahr.

Denn was gestern noch komplett unvorstellbar und ein weiter Traum ist, ist morgen bereits Wahrheit. Bill Gates glaubte für wahr an seinen Traum. Aber selbst er mit seiner ganzen Überzeugung und Vorstellungskraft hat auch er sich in keiner Weise vorstellen können, dass er mit seinem Computersystem die Informationswelt revolutionieren wird. Gates hat schlichtweg die Welt verändert. Auch Johannes Gutenberg glaubte an seinem Traum des Buchdruckes und gab sich mit Passion, unbeugsamen Kampfgeist und kreativen Tatendrang an die Umsetzung dieses Traumes hin. Heute gilt Gutenberg mit seiner Erfindung des Buchdruckes als der *„Man of the Millennium"* und ist somit die wichtigste Person des zweiten Jahrtausends.

Wenn wir uns die Erfolgsgeschichte von Steve Jobs ansehen, dem Erfinder u.a. vom Smartphone, dann wird klar, dass er mit konsequenter, disziplinierter Arbeit und unbeugsamen Glauben die Welt entscheidend verändert hat.

Auch in dir schlummern ein Gutenberg, Gates und Jobs. Daran besteht kein Zweifel. In etwas ganz Bestimmtes, dir individuell klar in die Wiege gelegte Fähigkeit liegt ein enormes Potenzial, dass es zu knacken gilt um anschließend in voller Fahrt zu nutzen.

Wofür ist es wichtig dein Potenzial zu kennen und zu nutzen?
Wenn ein Mensch sein Potenzial, sprich die Fähigkeit seiner Entwicklung, nicht nutzt, verwehrt er sich selbst seinen eigenen Möglichkeiten und Optionen. Während deine individuelle Entwicklung nur darauf wartet aktiv von dir ins Leben gerufen zu werden – sprich on board auf das Schiff eingeladen wird -, hängt es einzig und allein vor dir selbst ab, ob du diese dir gebotenen Chance wahrnimmt oder nicht.

Der Mensch an sich hat ein großes Bestreben, für sich einen Lebenssinn zu finden. Während in jungen Lebensaltern zumeist die Frage des Lebenssinnes fern ist, kommt dieses kritische Hinterfragen mit dem Älter werden immer mehr in den Fokus.

Diese Fragen nach dem Sinn stellt auch die Selbstverwirklichung in den Vordergrund. Das **Verwirklichen seines Selbst trägt die Klarheit eines großen Ganzen in sich**. Dabei setzt der Suchende voraus, dass es da mehr gibt, als er momentan hat. Dabei geht es nicht um materielle Güter, sondern um die klare Frage: *„War das schon alles?"*. Das Gefühl von Leere und auch Bestreben nach dem Sinn wofür alles steht, wird stets drängender und lässt den Hinterfragenden mit vielen Fragezeichen im Raum stehen.

Kennst du diese Fragen? Hast auch du dir schon mehrmals diese Fragen gestellt? Antworte bitte spontan und wertfrei.

_____

_____

Nimm diese Fragen in deinen Alltag und beobachte dich. Notiere in dein Potenzial-Notizbuch deine Beobachtung WANN dir diese Fragen in den Sinn kommen und WAS du dabei gerade machst? WIE fühlt es sich an? WELCHE Empfindungen hast du dabei?

Wann beginnst du damit? _____

Die große Frage nach dem Sinn des Lebens...

Es hat überhaupt nichts mit Esoterik zu tun, wenn in dir die Frage nach dem Lebenssinn hochkommt, mit welcher sich schon die antiken Philosophen wie Aristoteles und Platon auseinandergesetzt haben. Dieses Hinterfragen ist für dich ein offensichtliches Zeichen dafür, dass du nach dem Mehr strebst.

Dass du dein Potenzial nicht lebst, nicht nach deinem in deinen Genen mitgegebenen Fakten schöpfen konntest, nicht nach den

Sternen greifst, obwohl du nur wenige Schritte hinter die Leiter zum Ergreifen parat hast.

Das unvergleichbare Trio **Körper-Geist-Seele** sind ein Schlaraffenland an Kombinationsmöglichkeiten, die es unmöglich in Worte zu fassen gilt. Allerdings ist dies auch gar nicht nötig. Denn die Konstellation deines Körpers, Geistes und Seele kommuniziert ununterbrochen miteinander. Die Synergien die diese drei wichtigen Faktoren deines Ich's ausmachen, sind unvorstellbar kraftvoll und Potenzial.

Sobald du das 1. Mal die Fragen auf dem Weg zu deinem Sinn des Lebens stellst, hast du ein neues Lebenskapitel erreicht, dass nach dem Besteigen in die nächste Stufe strebt. Dein Körper, Geist und Seele geben dir sozusagen mit diesen kritischen Gedanken, dem Gefühl der Sehnsucht und dem Bestreben nach Erfüllung eines Traumes klare definite Zeichen, denen du folgen musst.

Ja, musst! Denn deine Seele weiß genau, was in dir steckt. Welches Potenzial du in dir trägst. Mit Hilfe deines Geistes schickt dir somit deine Seele liebevolle Botschaften, sanfte Hinweise und klare Zeichen, die sich in dir nach diesen Gedankenblitzen zeigen. Während noch vor einigen Jahren diese Fragen nach der Selbstverwirklichung gänzlich nicht auf deinem Schirm waren, erkennst du, dass diese anfänglichen sanften und zarten Botschaften immer heftiger und vehementer werden.

Darauf reagiert auch dein Körper, indem er sich z.B. schlapper, müder und energieloser fühlt. Die Zeichen deines Körpers sind dabei individuell unterschiedlich, lassen aber alle eines klare erkennen. Es ruft, es zerrt nach einem: Nach Veränderung!

Bist du bereit diese Veränderung zu gehen? _____

Dein Potenzial ist endlos

Schon klar. Endlos ist ein mächtiges Wort. Was kommt dir ganz spontan in den Sinn, wenn du hörst: *„Dein Potenzial ist endlos?"*

_____

Bei mir kommt sogleich das Bild des Sonnenaufganges in den Sinn, wobei sich die farbenintensive Silhouette der aufsteigenden Sonne im ruhigen Meer spiegelt.

Noch im 15 Jahrhundert waren die Menschen davon überzeugt, dass die Erde eine Scheibe ist. Columbus hat im Jahr 1492 mit seiner wagemutigen Entdeckungsreise das Gegenteil bewiesen. Das zeigt, dass das was heute als richtig gilt, morgen durch neue Kenntnisse ein größeres, breiteres Wissen in sich trägt, und dadurch mit unter bunter und vielseitiger wird. Das gibt dem Wort ENDLOS eine gänzlich neue Dimension, die der Vorstellungskraft den Freipass des Träumens und Wünschen gibt.

Dies gibt Ansatzweise wieder, wie viele Möglichkeiten und Optionen sich nicht nur der Welt, sondern jedem einzelnen Menschen geben. Vor allem DIR!

Stelle dir nun dein Potenzial bildlich vor. Dabei gilt es dir eine grenzenlose Vorstellung zu erlauben. Dies kann ein Bild, Form, Gefühle, Erlebnisses etc. sein, dass für dich im Verständnis mit deinem Potenzial stimmig und richtig erscheint. *Wie sieht dies für dich aus? Hat dein Potenzial eine bestimmte Form? Farbe?* Fühle in dich hinein und lass deine innere Stimme dir dabei helfen:

_____

_____

Falls dir diese Übung nicht leicht von der Hand geht, ist dies nichts ungewöhnlich. Wir neigen dazu, dass wir Zeit benötigen, um unsere Gedanken, Emotionen & Geistesblitze zu ordnen.

Ich möchte dich dazu einladen, dass du die nächsten 7 Tage sehr achtsam mit dir bist. Indem du dich die gesamte nächste Woche intensiv mit dieser Frage - *Wie sieht dein Potenzial für dich aus?* - auseinandersetzt, wirst du Zeichen erhalten, die dir das Kreieren deines Potenzials in einer für dich wiedererkennten Form und Identifikation durchaus ermöglicht. Dazu benötigt es einen offenen Geist, die Konzentration der Achtsamkeit und die Bereitschaft dies für die nächsten 7 Tage konsequent durchzuführen.

Wirst du die nächsten 7 Tage dies tun? _____

Jeder Tag hat das Potenzial dein Bester zu werden

Es liegt in deinem klaren Kompetenz- und Entscheidungsgrad, inwieweit du dein Potenzial dazu nutzt, um dein Leben zu einem Ereignis der besonderen Art zu machen.

Du hast dieses eine Leben im Hier und Jetzt! Was zählt ist das **JETZT**. Das Gestrige ist Vergangen und kann nicht mehr geändert werden. **Das Heute entscheidet dein Morgen.**

Statistiken belegen, dass ein Mensch durchschnittlich eine Lebensdauer von 80 Jahren hat. Das klingt recht viel. **80 Jahre!** Wau... Durchaus eindrücklich! Allerdings verliert diese Vorstellung an Dimension, wenn du diese Zahl herunterbrichst. Du dir bewusst machst, wie viele Lebensdauer insgesamt sind.

Schauen wir uns dies genauer an:
80 Lebensjahre sind 29.120 Lebenstage! Nicht mal 30.000 Tage. Ok, das ist durchaus eine beeindruckte Zahl. Nun müssen wir aber fair bleiben, und deine bereits gelebten Tage abziehen. In meinem Fall sind dies 50 Jahre sprich 18.200 Tage. Dies bedeutet für mich, dass ich eine statistische Lebensdauer von knapp 10.000 Tage vor mir habe. 10.000 Tage hören sich dann schon nicht mehr so rosig an. Wie ist dies bei dir?

Wie viele Lebenstage hast du statistisch betrachtet? _____

Hand auf Herz! Diese Zahl lässt durchaus die Dringlichkeit des Ausschöpfens deines vollen Potenzials klar werden, nicht wahr? Deshalb genau in diesem Moment damit beginnen!

Schöpfst du dein Potenzial bereits aus?

Zumeist steht die Frage unbeantwortet im Raum ob du den bereits dein ganzes Potenzial ausschöpft oder durchaus noch Spielraum nach oben besteht. Anhand folgender Anzeichen wirst du erkennen, ob du in Bezug auf dein Potenzial noch einiges am Abschöpfen und Aktivieren hast:

1. Resonanz deiner Aufgaben

Gerade in deiner Arbeit lässt sich recht einfach erkennen, ob du dein Potenzial nutzt oder nicht. Das Zauberwort ist hierbei **Herausforderung**! Wenn du zu den Menschen gehörst, die ihre Arbeit mit Langeweile & Unterforderung erleben und jeden Arbeitsschritt blind erledigen, dann ist dies ein Zeichen dafür, dass du fern vom Ausschöpfen deines Potenzials agierst.

Wie erlebst du deine Arbeit? Bist du mit Herausforderungen konfrontiert? Erlebt dies als spannend und abwechslungsreich?

AKTION: Falls du feststellst, dass du im Hamsterrad des unspektakulären Arbeitstrottes festhängst, gilt es in Aktion zu treten. Dabei bieten sich dir folgende Möglichkeiten:

✓ Biete deinen Chef um eine verantwortungsvollere Aufgabe.
✓ Überlege dir Verbesserungsmöglichkeiten, Innovationen oder neue Projekte in deiner Arbeit, die du sodann zur Umsetzung als Projektleiter deinem Chef unterbreitest.
✓ Suche dir selbst nach Aufgaben, die dich herausfordern.

TIPP

Sei aktiv, indem du dir eigene Lösungsvorschläge suchst und stelle diese deinem Chef vor. Sei dabei mutig, kreativ und wage auch den Blick über den Tellerrand.

2. Dein Lernpegel ist auf Null

Das ganze Leben besteht aus Lernen! Sokrates tat diese Weisheit schon in der Antike mit dem Satz *„Ich weiß, dass ich nichts weiß…"* kund und brachte damit die Erkenntnis - *das Lernen das ganze Leben lang ein unverzichtbarer Faktor ist* – auf den Punkt. Hinterfrage nun deine aktuelle Situation:

Lernst du in deinem Job immer wieder was Neues? Wenn ja, was?

_____

Lernst du in deinem Privatleben stets Neues hinzu? Was genau?

_____

AKTION: Du alleine hältst das Ruder in der Hand. Auch wenn dein Arbeitgeber dir keinen neuen Stoff zum Lernen gibst, so entscheidest du, wie & mit was du deine Freizeit verbringst.

TIPP

Tritt aktiv in Aktion, um neue Dinge zu lernen, dir immer schon ersehendes Wissen anzueignen und dich auf die Ebene des Wissbegierigen zu bewegen.

3. Du bist passiv in Bezug auf Weiterbildung

Wissen eröffnet neue Welten, ermöglicht Begegnungen mit Gleichgesinnten, bringt Menschen in deiner Wellenlänge in dein Leben, erlaubt es dir aktiv aus der Komfortzone zu gehen und lässt dich neue Grenzen beschreiten. Mit deiner Entscheidung eine Fort- oder Weiterbildung einzuleiten, entscheidest du dich gleichzeitig dazu, in dich selbst zu Investieren und dadurch deine Entwicklung einzuleiten.

Welches Wissen wolltest du dir immer schon aneignen? Fotografieren? Malen? Eine neue Sprache? Innendesign? Egal… Schreibe ganz spontan und wertfrei deine Gedanken dazu auf:

_____

_____

Du bist NIE zu alt um dich auf neues Wissen einzulassen. Sowie ein 78-jährige Kollege ganz selbstverständlich ein Geschichtestudium an der Universität Zürich begann, so kannst auch du jede Weitebildung angehen. Weder dein Alter, Herkunft noch Lebensort spielt dabei eine Rolle.

AKTION: In unserer Zeit der Technologie (*Dank an Bill Gates*) hat jeder des Internets zu Hause hat, die abertausenden Lehrbücher der Welt bei sich im Heim zur Einsicht parat. Plattformen wie u.a. *YouTube, Blinkist, Audible* ermöglichen es mit unter kostenlos (YouTube) auf enormes Fachwissen, Videos, Lehrgänge, Fortbildungsreihen zuzugreifen und davon zu profitieren.
Was für ein nützliches Geschenk unseres Jahrhunderts! Was für unglaubliche Möglichkeiten dies dir offenbart. Entscheide dich, dir ab sofort konsequentes Wissen anzueignen. Als Summe deines Wissens empfehle ich dir somit:

**Lass keinen Tag vergehen,
an dem du nicht mindestens eine
neue Erkenntnis / KnowHow gewonnen hast!**

Lege dir ein Wissensbuch an, in welches du täglich reinschreibst, WAS du heute gelernt hast und WIE du dich dabei gefühlt hast. Dies ist extrem lehrreich und Teil des Ausschöpfens deines Potenzials.

4. Du bist umgeben von negativen Menschen

Dein Ausschöpfen deines Potenzials hängt unweigerlich mit deinem Umfeld zusammen. Während ein inspirierendes und motivierendes Umfeld dich dazu animiert, deine Grenzen stetig aufs Neue zu überschreiten, bewirken negative Freunde und Arbeitskollegen genau das Gegenteil. *„Du bist der Spiegel deines Umfeldes"* ist ein bekannter Spruch und besagt, dass du über kurz oder lang die Einstellung deines Umfeldes annimmst. Wie sind dein Umfeld, Freunde, Kollegen? Inspirierend oder negativ?

_____

_____

Je nachdem wie du diese Frage beantwortet hast, stehst du nun vor der Tatsache, welchen Einfluss und Einstellung dir deine dir nahen Menschen täglich suggerieren. Hast du dies erwartet?

Wenn dies inspirierenden und motivierend ist, kann ich dir vom ganzen Herzen gratulieren! Das ist wunderbar nährend und ein Beweis dessen, dass du ein gutes Gespür für Menschen hast. Tausche dich intensiv mit deinen Menschen aus. Welche Menschen in deinem Umfeld inspirieren dich?

_____

_____

Wenn du hingegen von negativen Menschen umgeben bist, dann gehörst du zu der Mehrheit der westeuropäischen Bevölkerung, die mit Jammern, Unzufriedenheit und Neid auf andere ihre Tage bestreiten. Dies ist nicht förderlich sondern einzig hinderlich. Frage dich: Welche Menschen in deinem Umfeld sind negativ?

_____

AKTION: Dich von negativen Menschen zu trennen, sie loszulassen und ihren Weg gehen lassen, ist die Entscheidung einer Person die mit vollem Elan ihr Potenzial ausschöpft. Triff diese Entscheidung **JETZT**. Per wann setzt du diese um?

Klar kannst du nicht die Welt und die Bevölkerung in einem verändern, aber du hast auf deine für die wichtigste Person den entscheidenden Einfluss: **Auf DICH selbst!**
Du entscheidest mit wem du deine Zeit verbringst. Wem du deine Beachtung und Aufmerksamkeit schenkst.
Lasse jene Menschen los, die dir mit ihrem negativen Sog dein Licht, deine Energie rauben und allen voran dein Potenzial nehmen wollen. Lass dir von keinem dein Geburtenrecht auf volle Potenzialausschöpfung nehmen. Du bist Licht, du bist pure kraftvolle Energie. Was nimmst du für dich mit?

---

5. Du hast keine Vorbilder

Menschen inspirieren mit ihren Taten andere Menschen. Der Mensch hat nebst dem natürlichen Lebensdrang zudem das Bedürfnis, Teil einer Gemeinschaft zu sein und mit seinem Zubringen diese Gemeinschaft zu stärken. Das war schon bei den Neandertalern so und ist heute nach wie vor so. Dies ist der Lauf der Geschichte und auch der Zeit. Trotzdem können nur wenige Menschen aufs geradewohl ihre Vorbilder nennen. Wie sieht das bei dir aus? Wer sind deine Vorbilder?

Was genau findest du bei diesen Menschen beeindruckend?

AKTION: Deine Vorbilder haben Sensationelles geleistet. Sich von diesen Menschen, deren Geschichten inspirieren lassen, sind wie die Luft zum Atmen.

Deshalb nähre dich an deren Erzählungen, Biografien und suche dir deine hilfreichen Anker und Lektionen. Was sind das für Taten, Aktionen? Welche Eigenschaften haben deine Vorbilder trainiert um Herausragend zu werden?

Notiere dir diese in dein Potenzial-Notizbuch unter der Rubrik Vorbilder. Jedes Mal wenn du in das Zögern oder Hadern kommst, greif nach diesem von dir zusammengetragenen Wissen und lerne aus den Lehren deiner Vorbilder und agiere analog.

Du hast das Potenzial tolle Dinge zu machen und zu erleben
Du bist einzigartig, herausragend und wunderbar. Du bist als DU bereits ein Meisterwerk. Nur: Du zweifelst an dir, ärgerst dich über deine Ecken, bist nicht zufrieden mit deinem aktuellen Sein.

Eines ist ganz klar: **Nur DU alleine kannst deine Sichtweise ändern.** Egal was andere über dich sagen, wieviel Blumen sie dir entgegenbringen, positives Feedback und dir auf beschwören, was für ein Vulkan an Potenzial du in dir trägst. Effektiv die Zügel diesen Kraftprotzen in dir, kannst nur du alleine.

Alle Menschen sind Zweifler ihrer selbst. Das Recherchieren deiner Vorbilder wird dir aufzeigen, dass ebenso Persönlichkeiten wie Nelson Mandela mit sich haderten ebenso wie Bill Gates und so auch Winston Churchill, der als ein sehr selbstischerer Mensch galt. An sich Zweifeln sich zu hinterfragen ist menschlich.

Entscheidend ist nicht in der Zweifelhaltung zu verharren, sondern in der Entscheidung – sprich sich schlussendlich von dem Eigenzweifel zu lösen – in die Aktion treten.

Apropos: **Die Eigenschaften die dir an deinen Vorbildern gefallen, trägst auch du in dir.** So trägst auch du den MUT von Gandhi in dir, der sich ohne Gewehre gegen eine ganze Arme stellte. So trägst auch du die KONSEQUENZ von Albert Schweizer in dir, der sein Leben ganz den Kranken widmete. So trägst auch du den unerschütterlichen GLAUBEN in dir, den Nelson Mandela schon als junger Mann ein gleichorientiertes, demokratisches Südafrika erkennen ließ.

**All diese Eigenschaften und Fähigkeiten trägst auch du in dir.
Es gilt diese anzunehmen, zu trainieren, zu pflegen und
zu steigern und stark zu machen.**

Lass dich von einem Coach begleiten
Es ist sehr hilfreich dich von einem Coach begleiten zu lassen. Die Unterstützung einer kompetenten Fachperson, die mit dir auf derselben Wellenlänge ist, wird Berge versetzen.

Was sind die Aufgaben eines Coachs?
Die Aufgaben erklärt das Video *„How Coaching works"* (*Siehe Info am Ende des Buches*). Zusammengefasst lässt sich sagen, dass ein Coach dich dabei überstützt, dich aus der Komfortzone zu bewegen, über den Tellerrand zu blicken, Lösungen auszuarbeiten und effektiv neue Wege zu gehen.

Durch Fragenstellungen, zusammen festgelegte Ziele und der stätigen Überprüfung des Stands der Dinge, hast du eine gute Reflexion mit einer ins Vertrauen gezogene Person über deine Entwicklung und kommst dadurch deinen Zielen und Potenzial täglich näher.

Ab wann nimmst du dir einen Coach in dein Boot?

Wie findest du den passenden Coach für dich?

Eine oft gestellte Frage. Zu allererst entscheide für was du einen Coach suchst? Entwicklungs-Coach? Karriere-Coach? In der heutigen Internetzeit stehen dir tausende von Coachs zu Verfügung, sobald du „Coach" im Suchfeld von Google samt deiner Region eingibst. Mach dir dazu eine Präferenzliste.

Dann siehst du dir der Reihe nach deren Homepage an, suchst an Videos von ihnen, Informationen etc. Im Anschluss wählst du einen aus und arrangierst einen Termin.

Wenn dir die Person beim ersten Treffen gefällt, nun dann hast du deinen Coach. Wenn die Harmonie nicht so toll ist, gehst du zu der zweiten Person auf deiner Liste.

Zwischenzeitlich kannst du dir die zahlreichen Coaching Videos auf YouTube ansehen und von den weisen Worten und Tipps von Coachs lernen. Ebenso ist das Lesen von Büchern einer extrem hilfreichen Art. Wichtig ist in Aktion zu treten. Aktiv werden.

Was ist dein Resümee daraus? _____

_____

Apropos:
Als PowerCoach of the Alps unterstütze und begleite ich Menschen aus allen Herrenländern im Bereich Persönlichkeitsentwicklung & Zielerreichung. Zudem unterstütze ich als Creative Coach Firmen in der Entfaltung der Kreativität von Einzelpersonen oder von Teammitgliedern. Eine wunderbare Aufgabe!

Es wäre mir eine große Freude, dich als vertrauter Coach begleiten zu dürfen. Mehr Information unter www.powercoachofthealps.com

Meine 5 wichtigsten Erkenntnisse aus diesem Kapitel sind:

Wohin des Weges ❓

Ein jeder von uns hat Ziele. Die Einen sind sich dessen bewusster als andere. Zu wissen wohin die Reise ist entscheidend. So weißt du in welche Richtung du hinsteuern musst und gehst entsprechend entscheidend und bestimmend in diese Richtung.

Es gibt nur einen Weg der richtig ist für dich...
...und dieser ist dein EIGENER!
Nicht selten versucht das außen, sprich unser Umfeld, Freunde und Familie einem die Direktion vorzugeben, die sie glauben, dass für uns als Mensch die beste ist. Dabei geschieht dies zumeist im besten Willen und der Sorge wegen um dein Wohl.

Wobei du dir bei diesen Gedanken eingestehen musst, dass es um dein Leben geht und nicht um das eines anderen. Deshalb ist es für dich entscheidend, dass du deine eigenen Wünsche, Träume folgst, und dich nicht von anderen Stimmen leiten lässt. Kein Mensch von außen kann deine innere Stimme folgen, wissen was du fühlst, nach was du dich sehnst oder gar wovon du träumst. **Dies kannst nur DU ALLEINE.** Umso wichtiger ist, dass du in dieser Entscheidungsphase klar die Oberhand behältst. Du dieses Recht keinem anderen zugestehst oder übergibst, außer dir selbst.

Fallen dir gerade ganz spontan Personen ein, die dich in eine bestimmte Richtung bringen wollen? ❓

_____

_____

Das zu erkennen, dir darüber bewusst zu werden, ist bereits ein wichtiger Schritt. So kannst du dir dies klar eingestehen und dir in Ruhe darüber Gedanken machen. Vielmals hören Menschen auf die Empfehlungen und Tipps von anderen Menschen, da sie selbst nicht wissen, was sie ansonsten tun sollen. Sozusagen gilt die Annahme von den Tipps der anderen als Notlösung. Ganz nach dem Motto: *„Besser etwas Falsches zu tun, als gar nichts zu tun…"*

Nun das muss natürlich jeder für sich selbst entscheiden. Allerdings wirst du um einiges glücklicher sein, wenn du deine eigenen Ziele, Träume und Wünsche anstrebst und umsetzt. Denn es sind deine individuellen Bestrebungen, für welche du deine Talente und Stärken mitbekommen hast. Diese gilt es einzusetzen, um deinen Ruf zu folgen.

Klar stellt sich hier automatisch die Frage: Kennst du deine Ziele, Träume und Wünsche? Hast du dir schon mal erlaubt, diese auszusprechen? Oder sogar niederzuschreiben? Nein? Oder eben nur zum Teil? Dann lass uns dies nun zusammen machen!

Welches Ziel peilst du an?

Hast du schon einmal Bogenschießen probiert?
Das Ziel dabei ist, in die Mitte des roten runden Feldes zu treffen. Was hast du sodann gemacht? Du hast mit dem Auge ganz klar dieses Ziel, die rote kleine Scheibe erfasst und dann mit all deinen Sinnen und Körpereinsatz den Pfeil auf dieses Ziel gerichtet!

Einfach nicht wahr? Oder doch nicht?
So einfach das oben aufgeführte Beispiel ist, so unerklärlich verhalten sich viele Menschen, wenn es darum geht ihre Ziele umzusetzen, zu verwirklichen? Statt das Ziel zu fokussieren, ihren konzentrierten Blick darauf lenken um dieses Ziel zu erreichen, wird stattdessen alles möglich gemacht, dass mit dem Ziel gar nichts zu tun hat. Erkennst du dabei Parallelen mit dir?

Meisten findet sich der Grund für dieses in allen Richtungen schießende Verhalten in…
Sie wissen nicht was ihr Ziel ist!

Was für eine Verschwendung von Energie und Kraft! Deshalb ist es so enorm wichtig, dass du dir die Zeit und Muße nimmst, dass du dir Gedanken darüber machst, WAS du eigentlich erreichen möchtest? Vielleicht gehörst du bereits zu jenen Menschen, die genau wissen, wohin ihre Reise geht. Dann betrachte diese folgenden Fragen als kurze Repertoire und Kontrolle deines aktuellen Status Quo. Bitte beantworte ganz spontan und wertfrei folgende Fragen:

Was wünschst du dir aus tiefstem Herzen?

_____

_____

Welche Träume hast du tief in deinen Gedanken verborgen?

_____

_____

Welche Wünsche scheinen dir als unerreichbar?

_____

_____

Wie leicht viel es dir die oben genannten Fragen zu beantworten?

Meistens stehen wir uns selbst im Weg und lassen uns von alten Programmen, Mustern und Glaubensätze sabotieren. Das hast du allerdings nicht verdient. Du bist dazu geboren, um dein Leben nach deinen Wünschen, Träume und Zielen zu leben. Sei dir dessen bewusst und glaube an dich.

Du bist der Kapitän deines Schiffes

Als Kapitän deines Schiffes ist es unverzichtbar, dass du weißt, wohin deine Lebensreise geht. Dir wurde dir dein Schiff anvertraut, sodass du die Gefilde der Meere erkundest und das Leben so richtig auskostest. Das Beispiel mit dem Schiff und Kapitän sind als Symbolik gedacht die dich in deiner Hauptrolle – sprich als der Kapitän – präsentiert und das Schiff gilt als Synonym für dein Leben.

Ich kenne viele Menschen die diese Symbolik dazu verwenden, dass sie sich ihr Schiff so richtig nach ihrem Belieben ausmalen. Während der eine lieber ein Piratenschiff hat, so bevorzugt der andere ein richtig schnelles Motorboot. Du entscheidest, was für dich passt, was sich für dich richtig anfühlt. Leg alle Hürden ab, lass alle Hemmungen fallen und erlaube dir diese grenzenlose Gedankenreise. Erlaube es deinem Kind in dir, als Kapitän dein Leben in die Hand – sprichwörtlich das Ruder zu übernehmen.

Es ist dein Leben, es sind deine Ziele & Träume. Deshalb investiere Zeit & Aufmerksamkeit auf das Erkenne und Wahrnehmen deiner Ziele, Träume und Wünsche. Denn es macht durchaus einen Unterschied ob du dich als Nichtwissender somit ständig im Kreis drehst oder du zielgerichtet auf dein Ziel fokussiert die Flüsse und Meere eroberst.

Versuche folgende Übung! Nimm dazu ein Blatt Papier und befasse dich nun mit folgenden Fragen:

Was sieht ein idealer Tag in deinen Wünschen aus? Wie beginnt dieser? Wo bist du? Mit wem verbringst du diesen? Was machst du den Tag über? Wie fühlst du dich? Mit was beschäftigst du dich? Beschreibe so gut es geht diesen Tag mit allen Facetten und Perspektiven:

Ich erlebe diese Übung als eine wundervolle Szenerie, in welcher ich das Schöne vor mir als Protagonist erblicke und wahrnehme. Dabei nehme ich mit Hilfe all meiner Sinne das vor mir liegende intensiv wahr. Mit jedem weiteren Eintritt in dieser Visionswelt verstärkt sich dieses Gefühl und mein Visionsbild wird schärfer.

Dies ist alles eine Frage der Übung! Bleib dran und nimm dich täglich in deinen idealen Tag hinein.

Die Ziele beim Namen nennen

Das Erkennen deines perfekten Tages ist ein guter Weg um deinen Wünschen und Zielen auf den Spuren zu kommen. Die Grundvoraussetzung für das Erkennen ist das sich ganz bewusste Auseinandersetzen damit. Indem du dir als Ziel setzt deine Ziele zu erkennen, wirst du viel mehr um dich herum und auch in dir drinnen erkennen. Eines muss dir grundsätzlich klar sein:

Du kennst deine Ziele ganz genau!

Tief in deinem Innern weißt du absolut, was du dir wünschst, was du als dein Lebensziel siehst. Es geht somit darum, dass du dich täglich darin übst, dir dieser bewusst zu werden.

Indem du dich täglich damit auseinandersetzt und du dir ganz bewusst diese Fragen stellst, wird deine Affinität und Wahrnehmen verstärken. Du wirst plötzlich Sachen erkennen, die dir bisher gar nicht in den Sinn kamen. Du wirst dich täglich besser kennenlernen und somit Schritt für Schritt deinen eigenen Wünschen auf die Spur kommen.

Gewöhne dir an stets ein Potenzial-Notizbuch mit dir zu führen. Schreibe all deine Eindrücke, Gedanken und Hinweise auf, die dir in den nächsten 4 Wochen in dem Zusammenhang mit deinen Zielen in den Sinn kommen. Du wirst überrascht sein, was du da alles erleben und erkennen wirst.

Wenn du dich daranhältst aufmerksam und wachsam zu sein, während du dich mit den oben aufgeführten Fragen täglich aufs Neue konfrontierst, wirst du deine Ziele, Wünsche und Träume erkennen lernen. Formuliere diese klar und mutig:

Mein 1. Ziel: _____

Mein 2. Ziel: _____

Mein 3. Ziel: _____

Nun hast du diese niedergeschrieben! Gratulation!
Es fühlt sich noch nicht so richtig stimmig an? Kein Problem! Indem du dich täglich damit auseinandersetzt, dich hinterfragst, werden deine Ziele & Träume täglich ein besseres Erscheinungsbild bekommen und sich klarer präsentieren.

Erlaube dir das Recht deine Ziele auch anzupassen und – wenn nötig - im Wortlaut zu verändern. Solange es deine Ziele sind - ist alles erlaubt. Wichtig ist einfach, dass du dir zugestehst, im Veränderungs- & Entwicklungsprozess zu bleiben.

_____

Ein Ziel ist ein Traum mit Termin
Ein ausgesprochenes Ziel ohne einen fest hinterlegten Termin ist wie in Sand niedergeschriebener Wunsch, der bei der nächsten Flut weggespült wird. Deshalb:

Deine Zeile brauchen unverzichtbar klare fixierte Termine.

Nur so bekommen deine Ziele das entsprechende Zeitgerüst, das es zum Erreichen braucht. Es ist wie mit dem Backen oder Kochen. Jeder Koch weiß, dass die Gerichte mit den richtigen Zutaten, Rezept und dem exakt eingehaltene Zeitplan zu einem Meistergericht wird.

Somit bestimmst auch du wann du welches Ziel erreichen möchtest. Formuliere diese wie folgend:

1. Ziel _____ Termin _____

2. Ziel _____ Termin _____

3. Ziel _____ Termin _____

Auch wenn du dir noch unsicher bist, schreibe trotzdem einen für dich stimmigen Termin hin und mache dir diesen Termin bewusst. Dein Bewusstsein benötigt diese Fahne die mit einem klar ausgesprochenen Erreichungsziel fixiert ist.

Nur wer sein Ziel kennt findet den Weg
Nachdem du nun deine Ziele und das damit zusammenhängende Erreichungstermin kennst, geht es darum klar Schiff zu machen. **Dein Schiff wurde nicht dazu gebaut, dass es im Hafen liegt**. So hast auch du dein Leben zum wahren Erleben erhalten. Mach das Beste daraus, indem du aus dem Vollen schöpfst. Egal wie alt du bist, woher du kommst und was du bisher gemacht hast.

Kürzlich traf ich eine 69 jährige Frau, die mir, dass es immer schon ein Traum von ihm war, Architektur zu studieren. Nun tut sie dies mit Passion und dient zudem als Inspiration für Alt und Jung!

Die traditionelle Redewendung „*Alle Wege führen nach Rom*" und bezieht sich auf dem Sitz des Vatikans und der katholischen

Kirche. Diese Redewendung zudem als solches verstanden, dass alle Möglichkeiten zum Ziel führen. Es gibt somit nicht nur den einen Weg der dich zu deinem Ziel führt, sondern mehrere. Somit gilt es für dich, klar Schiff zu machen und herauszufinden, über welche Wege, mit welchen Mitteln und mit welchen deiner Stärken und Talenten du diese Ziele umsetzen kannst.

Es würde hier den Rahmen des Buches sprengen, wenn wir im Detail auf die Zielerreichung eingehen. Ich kann dir in diesem Zusammenhang mein Buch *„Lust auf Erfolg? Vom Au-Pair zur Casino Direktorin in St.Moritz"* empfehlen, in welchen ich im Detail auf das Erreichen deiner Ziele eingehe. Allerdings möchte ich dir hier ein paar wichtige Tipps mit auf dem Weg gehen, die dir das Recherchieren in Bezug auf dein Ziel hilfreich sein werden.

Warum das Rad neu erfinden?

Danke dem Internet leben wir im Schlaraffenland von leicht zugänglichen Informationen. Sich heute zu informieren ist ein leichtes, denn das Internet ermöglicht den Zugang an einem Übermaß an Informationen jeglicher Art. Insofern gilt es für dich, dich in Bezug auf dein Ziel so gut wie möglich zu informieren. Je mehr Wissen und Informationen du dazu hast, desto besser kannst du deinen Weg bestimmen und einen Plan zum Erreichen deines Zieles anpeilen. Du musst sozusagen zum Experten in Bezug auf dein Ziel werden. Zudem ist es wichtig, dass du auf dem neuesten Stand des Wissens bist.

Gerade in unsere schnelllebige Zeit ist das Aktualisieren von einer Norm, den es stets zu Optimieren gilt. In unserem Zeitalter des 21igsten Jahrhundert ist Wissen ein unverzichtbares Gut, dass es zu Pflegen und vor allem ständig zu Verbessern gilt.

Nutze diese Vielfalt an Wissen, dass sich dir bietet und es dir um vieles einfacher macht, dir deinen Plan zu erstellen. Zudem: Warum das Rad neu erfinden? Sicherlich findest du in Bezug auf dein Ziel eine Vielzahl an Informationen, Berichte, Empfehlungen, die im Internet digital zum Einsehen sind. Sozusagen kannst du dir vom Sofa aus Tipps, Tricks und Infos einholen. Frage dich:

Welche Plattformen bieten Informationen zu meinem Ziel auf?

_____

Gibt es Erfahrungswerte von Menschen in ähnlichen Situationen?

_____

Welche Tipps, Tricks und Empfehlungen finde ich dazu?

_____

Welche Experten in Bezug auf mein Ziel gibt es? Haben diese Bücher darübergeschrieben? Artikeln? Halten diese Vorträge?

_____

Ein Ziel ohne Plan ist nur ein Wunsch

Im den vorgängigen Zeilen lud ich dich dazu ein, den Blick nach außen zu wagen. Zu sehen wer was schon über dein Ziel geschrieben oder erlebt hat. Jetzt geht es mir darum, dass du den ehrlichen Blick in dich wagst. Frage dich somit ganz kritisch:

Welche Kenntnisse zum Erreichen meines Zieles fehlen mir?

_____

Benötigst du eine Weiterbildung? Wenn ja welche?

_____

? Bist du bereit, diese Zeit in das Vermehren deines Wissens zu investieren, um ein Experte in deinem Fach zu werden?

Angenommen du möchtest eine Pferdefarm in Spanien zusammen mit Air-BnB anbieten. Nebst dem Fachwissen über das Führen von Pferden und das generelle Wissen wie du eine Farm führst, ist es aufgrund des Standortes unverzichtbar, dass du Spanisch sprichst und schreiben kannst. Falls du noch kein Spanisch mächtig bist, gilt es deine Aufmerksamkeit darauf zu lenken.

Erstelle eine Liste von Kenntnissen und Wissen, die du zum erfolgreichen Umsetzen deines Zieles brauchst. Frage dich sodann ab, ob du diese Kenntnisse bereits hast. Wenn noch nicht, finde heraus, wo du dies anlernen kannst. **Mache dir einen Plan, WAS du WO, WIE und WANN angehst.** Dieser Plan ist wichtig und deine Fahrkarte in Richtung Zielerreichung. So wie der Kapitän den Kompass für das Fahren durch das offene Meer nutzt, wird dir dieser Plan deinen Weg durch die Ablenkungen unseres Lebens dienen.

Per wann erstellst du diesen Plan: _____

Gib niemals auf!
Mir ist durchaus bewusst, dass die oberen Erläuterungen und Tipps bei vielen Lesern einzig eines auslösen: Seufzen und das Bewusstsein, das da viel Arbeit darin steckt und diese Erkenntnis durchaus den einen oder anderen zum Überlegen bringen, ob dies die Mühe wirklich wert ist. Oh ja ist es!

Allerdings bedarf es dafür Arbeit und Konsequenz: Jeder Erfolgreiche wird dir das bestätigen: **OHNE FLEISS KEIN PREIS!** Um etwas zu erreichen, musst du auch etwas dafür tun. Nur das konsequente An-Sich und an dem Ziel arbeitende, wird von Erfolg gepriesen werden. Sich einfach nur seinem Ziel bewusst werden, sodann seine Hände gefaltet in den Schoss legen, wird dich kein Stück deinem Ziel näherbringen. Es gilt klar Hand anzulegen. Sozusagen, die Segel zu lösen, in die richtige Richtung zu lenken, das Steuerrad in die Hand zu nehmen und los geht es.

Das verlangt Disziplin, Entschlossenheit, Mut, den eisernen Willen, eine klare Vision und die Verbissenheit nicht bereits bei dem ersten Sturm die Heimfahrt anzutreten.

Winston Churchill hat dies mit den berühmten Worten auf den Punkt gebracht: «*Never, never give up*» - übersetzt «*Gib niemals, niemals auf!*» und darin seine ganze Erfahrung, die er als ehemaliger Premierminister der Britischen Vereinigten Königreiches gemacht hat, in diesen einfachen aber umso ausdrucksstarken Handlung zusammengefasst. Nimm diese Lektion des einzigartigen Staatsmannes mit und mach dieses zu deinem Credo. Schon allein der Tatsache wegen, dass du nie weisst, wie weit entfernt du vom Ziel tatsächlich bist, darfst du nie aufgeben.

Hätte die Frau von dem Automobilhersteller Henry Ford nicht den Mut und Glauben an die Erfindung ihres Mannes gehabt, hätte sie nie zusammen mit ihren zwei Söhnen die Testfahrt gemacht, die das Auto in aller Munde brachte und die Erfolgsstory von Ford somit entscheidend vorantrieb.

Egal was dein Ziel, was du tust, wonach du dich sehnst und du strebst, es hängt einzig und allein von deinem Entscheid ob, wie du dich verhältst: *Gib niemals, niemals auf*... Bleib am Ball, setze deinen Plan um & du wirst dein Ziel erreichen.

Meine 5 wichtigsten Erkenntnisse aus diesem Kapitel sind:

Auf den Spuren deiner Ressourcen

Nun wird es Zeit, dass wir uns auf die Spuren deiner verborgenen Talente und Stärke bewegen. Wie wir in den vorhergehenden Kapiteln eingehend behandelt haben, ist es für dich und jeden Menschen enorm wichtig, seine eigenen Talente und Stärken zu kennen. Denn so kannst du dich entfalten. Lebst du dein Potenzial und wirst in dem was du tust erfolgreich sein, da du mit Passion, Liebe und Herzblut beim Umwandeln deiner kreativen Ideen bist. Dies führt wiederum zu einem glücklichen und erfüllten Leben.

Tipps & Tricks zum Entdecken deiner Stärken und Talente
Um deinen Stärken und Talenten auf die Spur zu kommen, gibt es zahlreiche Methoden und Möglichkeiten. Auf den folgenden Seiten stelle ich dir die verschiedenen Methoden vor und lade dich ganz herzlich dazu ein, dass du diese auch durcharbeitest und ausprobierst. Dabei sei aber eines ganz klar gesagt und muss festgehalten werden: **Ohne Arbeit, ohne deinen ganz persönlichen Einsatz und Bemühen wirst du deinen Stärken und Talenten nicht auf die Schliche kommen**. D.h. du musst den Entscheid treffen, dass du etwas Arbeit, Zeit und Mühe in das Entstauben, das Entlarven und das Entdecken deiner wertvollen Ressourcen stecken musst. **Der Mehrwert daraus ist enorm!** Zu wissen, welche Stärken und Talente in dir liegen, ermöglicht dir neue Wege. Deshalb rentiert sich dieser Einsatz durchaus.

Bist du dazu bereit? _____

Sehr gut! Ich gratuliere dir herzlich dazu. Somit lass uns damit beginnen, deine Stärken und Talente aufzuspüren. Dazu werden wir zwei wesentliche Faktoren der Reflexion beachten: Die Selbst- & Fremdreflexion. Durch gezielte Fragestellungen und Test wirst du dabei deine Ressourcen erkennen und ab sofort gezielt einsetzen! Viel Spaß an dieser wundervollen Entdeckungsreise…

Reflexion des Selbstbildes

Als Selbstbild wird die Vorstellung über die eigene Person verstanden, die sich aus Erfahrungen, Werten, Wünschen, Fähigkeiten, Status und Körperwahrnehmungen zusammensetzt. Die Reflexion des Selbstbildes ist sehr wichtig und stellt die große Frage *„Wer bin ich"* in den Vordergrund. Dabei steht die Beobachtung deines Selbst, dein Verhalten, Gedanken und der Gefühle in den Fokus. Das Selbstbild spielt in unserem Leben eine unglaubliche Rolle. Denn analog unserem Selbstbild legen wir unseren Selbstwert fest.

Für ein erfolgreiches und zufriedenes Leben ist somit ein positives Selbstbild und Selbstwertgefühl unumgänglich!

Deshalb gilt es für Menschen das eigene Selbstbild zu hinterfragen. Ganz nach dem Motto von Warren Buffet: *„Die einzige Investition, die sich 1000fach auszahlt, ist die in sich selbst!"*

Warum ist Selbstreflexion so wichtig?

Selbstreflektierte Menschen wissen um ihre Stärken und Talente, kennen ihre Haltung zum Leben, wissen was sie wollen, kennen ihre Ziele, zu was sie stehen, etc. und können dadurch der zunehmenden Fremdbestimmung in unserer Konsum- und Leistungsgesellschaft umgehen. Sich selbst zu kennen und zu wissen, was dich als Menschen ausmacht, ist eindeutig der Schlüssel zu deinem individuellen Erfolg und glücklichen Leben.

Nimm dir die Zeit für dich & zwar täglich!

Selbstreflexion beginnt mit der Entscheidung sich mit sich selbst auseinanderzusetzen, sich die Zeit zu nehmen tiefer in sich hineinzublicken und zu hinterfragen. Grundsätzlich solltest du dir angewöhnen dir täglich diverse Fragen stellen und diese ehrlich zu beantworten. Dieser Prozess ermöglicht es dir, dich und deine Entwicklungsprozesse zu verfolgen. Teil dieser Fragen sind: *„Was hat dich heute glücklich gemacht?"* Sowie *„Was habe ich heute gelernt?"*

Im Anhang findest du den **6-Fragen-Katalog**, welchen du ab sofort täglich am Tagesende für dich beantwortest. Du wirst dadurch wunderbare Fortschritte an dir beobachten.

Ab wann beginnst du damit? _____

Fragekatalog: Selbst-Reflexion in Bezug auf deine eigenen Stärken

Nun wollen wir anhand der Selbstreflexion deine eigenen Stärken definieren. Dies erarbeiten wir nun gemeinsam, indem du dich folgenden Fragen, in diverse Bereiche unterteilt, stellst.

TIPP

Sei nicht zu streng mit dir selbst. Lass dir Zeit, überspringe Fragen die dir Mühe bereiten und beantworte die nächste. Es geht zudem nicht darum, dass du die Fragen wie einen Marathon durchrennst. Im Gegenteil! Gönn' dir die Zeit. Nimm dir vor, dass du dir tägliche eine Anzahl von Fragen widmest. Jene Fragen die dir Mühe bereiten, nimmst du in deinen Alltag mit und überlegst dir deine Antwort dazu.

Generelle Fragen über den Hauptakteur in deinem Leben:

Was fällt dir sehr leicht? Was geht dir sehr gut von der Hand?

_____

Welche Tätigkeit bereitet dir enormen Spaß & Freude?

_____

Was gibt dir Energie? Was motiviert dich?

_____

Wann fühlst du dich „echt", „authentisch" & gänzlich du selbst?

_____

Bei welchem Agieren erzielst du ohne große Anstrengung gute Ergebnisse?

_____

Welche Themen findest du sehr spannend? Was verfolgst du aufmerksam?

_____

Was hast du als Kind gerne gemacht? Welche Erlebnisse formten dich?

_____

Welche Aufgaben & Tätigkeit erledigst du sehr gerne und auch sofort?

_____

Wann ist deine Stimme voller Passion und Begeisterung?

_____

In welchen Situationen verwendest du Worte wie „mega", „toll"?

_____

Bei welchen Tätigkeiten bitte dich anderen um deine Hilfe, Beistand?

_____

Welche Fähigkeiten setzt du in deinen Hobbies ein?

_____

Bereichsfragen: Folgende Fragen eruieren deinen Status Quo in den jeweiligen Bereichen. Bleib offen und ehrlich dir selbst gegenüber:

Selbstbewusstsein: Wie leicht fällt dir der Umgang mit neuen Situationen, Umgebung? Gehst du leicht auf neue Menschen zu?

_____

Motivation: *Motivierst du dich gerne selbst? Reißt du andere mit deiner Begeisterung mit? Liebst du zu motivieren? Wie wichtig ist dir Motivation?*

Humor: *Besitzt du die Fähigkeit über dich selbst zu lachen? Oder nimmst du alles eher ernst? Bringst du andere zum Lachen? Ist dir Humor wichtig?*

Kreativität: *Bist du phantasievoll? Suchst du gerne nach neuen kreativen Wegen? Liebst du kreative Tätigkeiten? Wie gehst du an neuen Aufgaben ran?*

Sozialkompetenz: *Wie leicht fällt es dir dich in Menschen hineinzuversetzen? Siehst du dich als Teamplayer? Ist ein WIR für dich wichtiger als ein ICH?*

Kommunikationsfähigkeit: *Kannst du gut zuhören? Fällt es dir leicht dich auszudrücken? Fallen dir leicht die richtigen Worte ein?*

Belastbarkeit: *Wie gehst du mit Stress um? Kannst du mehrere Dinge gleichzeitig handhaben? Wie belastbar schätzt du dich selbst ein?*

Aufgeschlossenheit: *Wie offen bist du für neues? Bist du offen und neugierig gegenüber Unbekanntem? Betrachtest du Neues skeptisch oder offen?*

Entscheidungsfreudigkeit: *Brauchst du lange um zu einer Entscheidung zu kommen? Fällt es dir leicht dich zu entscheiden? Delegierst du auch Arbeiten?*

Analysefähigkeit: *Liegt dir logisches, abstraktes Denken? Bist du ein visuell denkender Mensch? Analysierst du gerne Situationen und Informationen?*

Verantwortungsbewusstsein: Übernimmst du gerne Verantwortung? Wie gewissenhaft erledigst du deine Pflichten & Aufgaben?

TIPP

Überlege dir zudem welche Note (*Skala zwischen 1 und 10*) du dir selbst in der oben genannten Frage & Bereich gibst.

Der Fragenkatalog erlaubt dir einen guten Einblick in dich und eröffnete dir neue Erkenntnisse. Stelle dir nun die Frage: Welche deiner Fähigkeiten fallen dir spontan ein? Schreibe dazu 15 sogleich auf! (*Am Ende des Buches findest du eine alphabetische Liste von Stärken*)

Nimm dir die Zeit, dass du die Fragen und Notenverteilung in Zeitabständen von 6 Monaten wiederholst. Nimm dazu dein persönliches Potenzial-Notizbuch & füge deine aktuellen Gedanken hinzu. Im Anschluss vergleichst du deine neuen Einträge mit den vorhergehenden und ziehe deine Schlüsse darauf.

Reflexions-Tagebuch

Ein wichtiger Schritt bei der Reflexion ist jener, dass du dir deiner Veränderung, deines Fortschrittes bewusstwirst. Dazu empfehle ich dir, dass du dir ein Reflexions-Tagebuch anlegst. Dazu reicht ein Notizbuch, in welches du dir täglich folgende Fragen stellst:

➢ *Wie habe ich heute meine Stärken & Talente eingesetzt?*
➢ *Was habe ich heute über meine Stärken & Talente gelernt?*
➢ *Welcher meiner Fähigkeiten habe ich heute trainiert?*
➢ *Welcher Stärke möchte ich mehr Aufmerksamkeit schenken?*
➢ *Mit welcher Stärke habe ich heute Erfolge erzielt?*
➢ *Für welcher meiner Stärken/Fähigkeit erhielt ich heute Komplimente?*

Indem du dich täglich mit diesen Fragen auseinandersetzt, wirst du erkennen, inwieweit deine Stärkenfokussierung in die Fortschritte aufzeigen lässt. Du wirst überrascht sein!

Ab wann führst du ein Reflexions-Tagebuch? _____

Selbst-Tests

Äußerst aufschlussreich und informativ sind sogenannte Selbsttest, in welchen du sogleich nach Beantworten der Fragen dein individuelles Testergebnis erhältst. Das Internet bietet dazu eine Fülle an Selbst-Test-Verfahren, die dir kostenlos einen raschen Einblick in zahlreichen Bereichen wie Persönlichkeit, Job, Intelligenz und natürlich auf deine Stärken und Talente geben. Wenn du diese Fragebögen mit der nötigen Ernsthaftigkeit und Ehrlichkeit beantwortest, erfährst du nach wie vor sehr viel über dich. Aber sei dir stets bewusst, dass die Resultate nicht in Stein gemeißelt sind und nicht wissenschaftlich fundiert sind.

Zur Info: Wenn du an einer fundierten Persönlichkeitsanalyse interessiert bist, verweise ich dich geradewegs auf das nächste Kapitel. Dort stelle ich wissenschaftlich erprobten aber kostenpflichtigen AnalysenTechniken vor.

Stärken-Selbst-Test

Im Anhang habe ich einen Stärken-Selbst-Test samt Auswertung integriert. Sei spontan und mutig und probiere diesen aus. Was hast du zu verlieren? Nichts! Stattdessen gewinnst du neue Einsichten, Sichtweisen und Kenntnisse! Also auf geht's!

Per wann machst du diesen Stärken-Test? _____

Online-Selbsttest „Teste dich"

Als sehr beliebt gilt die Plattform *„Teste dich"* die online kostenlos zahlreiche Selbsttests im Bereich Persönlichkeit anbietet. Diese Quiz- & Testseite – *www.testedich.ch* – bedarf einzig einer kurzen Registrierung und los geht es. Um deine Stärken und Talente auf die Spuren zu kommen, empfehle ich dir folgende Tests:

✓ *Was sind deine verborgenen Stärken? 14 Fragen*
  www.testedich.ch/quiz25/quiz/1216585954/Was-sind-deine-verborgenen-Staerken

✓ *Wo liegen deine Stärken? 12 Fragen*
  www.testedich.ch/quiz23/quiz/1184863595/Wo-liegen-deine-Staerken

✓ *Stärken & Begabungen finden! 21 Fragen*
  www.testedich.ch/quiz44/quiz/1476809897/Staerken-und-Begabungen-finden

✓ *Was ist deine Stärken? 20 Fragen*
  www.testedich.ch/quiz21/quiz/1159862293/Was-ist-deine-Staerke

✓ *Dein besonderes Talent! 13 Fragen*
  www.testedich.ch/quiz27/quiz/1257585358/Dein-besonderes-Talent

Viel Spaß mit diesen zahlreichen Testmöglichkeiten damit!

Stärken-Test der Universität Zürich

Die renommierte Universität Zürich - bekannt für seine herausragenden Studien - beschäftigt sich seit über 20 Jahren mit der wissenschaftlichen Beschreibung von Glücksempfinden, Charakterstärken und dem guten Leben an sich. In diesem Zusammenhang bietet die Universität Zürich ein gratis Test-Portal an, auf welcher du einen wissenschaftlich fundierte Fragebogen ausfüllen kannst und dadurch mehr über dich und deine Stärken erfährst. Zudem unterstützt du mit deiner Teilnahme die aktuelle Forschungen der Fachrichtung Persönlichkeitspsychologie und Diagnostik am Psychologischen Institut der Universität Zürich.

Somit hast du nichts zu verlieren, sondern kannst auf der ganzen Reihe nur gewinnen. Also ich kann persönlich kann dir diesen tollen Fragebogen bestens empfehlen.

Link: *www.charakterstaerken.org*
To do: *Du musst dich für die Teilnahme registrieren.*
Umfang: *Der Fragebogen umfasst 230 Fragen.*
Zeit: *Nimm dir dazu mindestens 30 Minuten bis einer Stunde Zeit*
Resultat: *Hervorragend*

Wünsche dir viel Spass & tolle Erkenntnisse bei diesem Test!

Weitere Online Selbsttests

Zudem kann ich dir folgende Stärken-Selbst-Tests empfehlen:

✓ **StärkenTest von Gimmemore**

Gimmemore ist eine gratis Plattform mit zahlreichen Tests & Quizzes die auf Deutsch und Englisch angeboten werden. Um das jeweilige Testergebnis zu erhalten, wirst du aufgefordert, dich mit deinem Facebook Account zu verbinden. Im Anschluss erhältst du nach beantworten aller Fragen dein Testergebnis:

Link: gimmemore.com/de/test/OJSP7/start
Fragen: 40
Zeit: Je nach Bedarf / circa 15 Minuten
Resultat: Zutreffend
Auswahl: Plattform bietet zahlreiche Online Selbsttests
Hinweis: Da dieser Online Selbsttest gratis ist, sollte entspannt über die zahlreichen Werbeeinschaltungen hinweggesehen werden.

✓ **PREGO Persönlichkeitstest**

Der PREGO-Persönlichkeitstest wurde speziell entwickelt, um exakte Erkenntnisse hinsichtlich der beruflichen Präferenzen von Testpersonen zu gewinnen. Dabei werden einerseits berufliche Fähigkeiten, Neigungen und Interessen transparent, anderseits berufliche Stärken benannt und erläutert.

Link: prego.flato-training.de
Version: Kurzversion (gratis) / Vollversion ist kostenpflichtig
Fragen: 20
Zeit: 3 – 5 Minuten
Resultat: Bezieht sich auf „Profil", „Besondere Stärken" & „Empfehlungen zur persönlichen & beruflichen Weiterentwicklung"

Hinweis: In der Vollversion umfasst der PREGO–Persönlichkeitstest 50 Fragen. Er ist Teil der sogenannten PREGO–Methode, bei deren Anwendung weitere Instrumente zum Einsatz kommen. Daher vermittelt die PREGO–Methode über die Testergebnisse hinausgehende Erkenntnisse einer individuellen Stärken-/Schwächen-Analyse.

✓ **WORKLIFESTYLE-Selbsttest**

Svenja Hofert entwickelte den StärkenNavigator und bietet Online eine vielseitigen Gratistest an, der mit gezielten Fragen zur Eruierung deiner Stärken vordringt. Siehe dazu:

Link: *worklifestyle.net*
Version: *Kurzversion (gratis) / Vollversion ist kostenpflichtig*
Fragen: *5 Stufen mit je 30 Fragen*
Zeit: *25 – 30 Minuten*
Resultat: Im Free-Report erhältst du auf ca. 6 Seiten eine Übersicht über die Verteilung aller Stärken und wie sie sich in die Stärkenrichtungen Denker, Lenker, Manager, Kommunikator und Künstler einordnen.

Hinweis: Premium-Report auf 25 Seiten enthält ausführliche Beschreibungen deiner Stärkenrichtungen, deine 10 größten Stärken & Tipps zur Stärkenentwicklung

Tipp: Buchempfehlung „Was sind meine Stärken" von Svenja Hofert

Auf dieser Plattform findest du den Karrriertyp-WorklifeStyle®Test. Dies gibt es in gekürzter kostenloser Version oder als PremiumVersion der € 9.99 kostet (*Info per 03/2019*).

✓ **Mein TalentSpiegel Test**

Diese Plattform bietet den kostenlosen Talent-Typen-Test sowie interessante weitere Test zum Thema rund um Talent

Link: *mein-talentspiegel.de/talent-entdecker*
Version: *Kurzversion (gratis) / Vollversion ist kostenpflichtig*
Fragen: *9 Stufen mit je 5 Fragen*
Zeit: *10 - 15 Minuten*
Resultat: Im Free-Report erhältst du auf ca. 6 Seiten eine Übersicht über die Verteilung aller Stärken und wie sie sich in die Stärkenrichtungen Denker, Lenker, Manager, Kommunikator und Künstler einordnen.

Mit den oben aufgeführten Selbsttests hast du eine Vielzahl an Möglichkeiten dich anhand der Test besser aufzuspüren. Wobei ich hinzufügen möchte, dass dir nur ein kleiner Auszug aus der Vielfalt die das Internet in dieser Sparte aufzeigt.

✓ **Graphologie-Test**

Nicht außer Acht lassen möchte ich den sogenannten Handschriften-test. Kritiker lassen kein Haar an diesem Testverfahren krumm, aber es lässt sich nicht von der Hand weisen, dass deine Schrift durchaus tiefe Einblicke in deine Persönlichkeit und Psyche gewährt. Meine Erfahrungen zu diesem Test sind sehr eindrücklich. Die Schweizerische Graphologische Gesellschaft basiert ihre Kenntnisse auf intensive Forschungen zu der Qualitätssicherung gehört:

Link: *sgg-graphologie.ch*
Verfahren: *Abgabe eines handgeschriebener A4 Seite*
Seminare: *Bieten auch interessante Seminare und Vorträge an*
Resultat: *Sehr eindrücklich, informativ und spannend.*

Nun habe ich dir einige sehr interessante Selbst-Test vorgestellt. Der Ball ist nun wieder bei dir. Somit stellt sich die Frage:

Welchen Selbsttest wirst du wann durchführen?

_____

Fremdbild

Im Gegensatz zum Selbstbild steht das Fremdbild. Mit Fremdbild wird die Meinung und das Verständnis von einer Person im Außen über eine andere Person hat, verstanden. Dabei wird dieses Bild und Meinung durch deren Wahrnehmung, Bewertung, Gefühle und Empfindungen die andere über diese Person haben, kreiert. Durch das Einholen von Feedback wird die Sicht objektiver und klärender, für den Feedback-Geber und erst recht für den Feedback-Nehmer. Aber: Nicht jeder kann mit der Wahrheit umgehen. Deshalb ist es wichtig, den Feedback Prozess entsprechend vorzubereiten und gut zu überlegen.

Wer sind die Auserkorenen?

Bei dieser Form der Informationseinholung - dem Feedback Verfahren - musst du darauf achten, **WEN du als Feedback**

Geber ins Boot holst. Grundsätzlich solltest dir dazu im Vorfeld gut überlegen, welche Personen du um ein Feedback bittest. Du kannst dabei folgende Faktoren in deiner Auswahl miteinbeziehen:

> **Kompetenz:** Hat diese Person die fachliche Kompetenz um dich und dein Anliegen zu beurteilen?

> **Sympathie**: Ist dir diese Person sympathisch? Schätzt du dessen Meinung?

> **Erfahrungen:** Hat die Person die entsprechenden Erfahrungen, um dich entsprechend zu beurteilen und zu bewerten?

> **Respekt:** Was hast du persönlich für eine Meinung von dieser Person? Schätzt und respektierst du diese?

> **Leistungen:** Bist du von den Leistungen dieser Person beeindruckt? Findest du gut was diese Person macht?

> **Feingefühl:** Hat diese Person das entsprechende Feingefühl, um dir konstruktives, wertvolles Feedback zu geben?

> **Ehrlichkeit:** Ist diese Person ehrlich? Wird dir die Person das sagen, was Sache ist, oder nur sagen, was du hören möchtest?

All diese Faktoren nehmen Einfluss in deren Meinung dir gegenüber. So kann ein Mensch der dir persönlich nicht gut gesinnt ist, durchaus keine objektive Meinung über die äußern, da dieser von eigenen persönlichen Gefühlen geleitet wird.

Deshalb musst du dir im Vorfeld überlegen und abschätzen, wen du in den edlen Kreis der Feedback-Geber Einlass gewährst. Überleg nun, welche Personen kommen dir in den Sinn?

Offene & transparente Kommunikation

Wichtig ist natürlich, dass du dem Feedback-Geber erklärst, was deine Erwartungen sind. Erkläre ihm, warum du ihn auserkoren hast und geht die wichtigsten Feedback-Regeln durch, sodass beide Parteien wissen, was erwartet wird.

> **Überblick über den Inhalt:** Erklärung der Fragen.

> **Festlegen des Besprechungsortes & Zeitpunktes**: Genügend Zeit zu haben und das Gespräch in einer angenehmen und neutralen Umgebung durchzuführen ist wichtig.

> **Sachliche Argumentation:** Statt emotionaler Ausflüchte sind sachliche Argumentation die Meilensteine in einem Feedbackback-Gespräch.

> **Offener Dialog:** Gerade wenn es um negative Feedback geht, ist der offene Dialog wichtig. Statt Rechtfertigungen fokussiere dich als Feedback-Nehmer darauf deine Lehren zu ziehen.

> **Konkrete Beispiele:** Das Gegenüber kann sich besser in das jeweilige Feedback hineinversetzen, wenn dies anhand konkreter Beispiele erläutert wird.

> **Keine Verallgemeinerungen:** Es geht hier explizit um eine Person. D.h. das Feedback sollte nicht in die Verallgemeinerung wandern, sondern sich auf den konkreten Sachverhalt beziehen.

> **Verständnis:** Wichtig ist es als Feedback-Geber, dass sichergestellt wird, dass das Feedback richtig ankommt. Dies kann anhand von Rückfragen geklärt werden.

> **Respektable Worte**: Es ist für das produktive Gespräch wichtig, dass dies mit gegenseitigen Respekt durchgeführt wird.

> **Wertschätzung:** Auch sollte die Wertschätzung im Raum stehen, sei dies für den Feedback-Geber so auch für den Nehmer.

> **Vertrauen ist unverzichtbar:** Das dieses Gespräch im Vertrauen stattfindet und auch im Anschluss nicht öffentlich diskutiert wird, ist Grundvoraussetzung.

Feedback zu geben ist eine große Aufgabe und dieser Verantwortung sollte sich der Feedback-Geber bewusst sein.

Als Feedback-Nehmer ist es wichtig, sich für das Feedback entsprechend zu öffnen und nicht beleidigt zu wirken, sobald etwas gesagt wird, was dir als Feedback-Nehmer nicht gefällt. Denke stets daran, dass du dir bewusst diese Person – deren Meinung du offensichtlich schätzt und auch respektierst – ausgesucht hast, weil du dessen Meinung als wertvoll ansiehst.
Die Sichtweise des Außen mag durchaus eine andere als deine eigene sein. Deshalb kann dies wehtun, zu Überraschungen führen oder dich gänzlich in den Konflikt des Unverständnisses führen. Das ist das Gute an diesem Zugang, denn du wirst vor einer anderen Sichtweise gestellt werden.

Daraus deine wichtigen Lehren und starken Erkenntnisse zu ziehen, ist das Ziel dieser Feedback Runde.

Bleib' deshalb offen, bereit und ehrlich dir selbst gegenüber!

Feedback Fragebogen
Was fragst du nun dein Gegenüber? Nun, eigentlich das, was du erfahren möchtest. Das ist je nach Situation unterschiedlich und individuell anders. In unserem Fall – im hier und jetzt – legen wir den Bezug auf deine Stärken & Talente. Daraus ergeben sich folgende primäre Fragen, die du dein Gegenüber stellen kannst.

- ✓ Was magst du an mir?
- ✓ Was genau schätzt du an mir?
- ✓ Was bewunderst du an mir?
- ✓ Was findest du einzigartig an mir?
- ✓ Welche meiner Talente schätzt du sehr?
- ✓ Welche meiner Stärken findest du toll?
- ✓ Warum verbringst du gerne Zeit mit mir?
- ✓ Welcher positiver Spruch passt zu meiner Person?

Wohl bemerkt sind diese Fragen nur auf das Positive gerichtet. Es geht nicht um das diskutieren deiner Schwächen. Stattdessen eröffnen und teilen diese von dir ausgewählten Personen ihre Sichtweise zu deiner Person in Bezug auf deine Stärken und Talente. Dabei wirst du feststellen, dass für deine Außenwelt deine Stärken und Talente klar auf der Hand liegen, denn sie nehmen dich ohne etwas schön reden zu wollen an. Das machst du dir zunutze, indem du ihre Sichtweise erfährst. Du kannst diese Fragen entweder in einem persönlichen Gespräch mit deinen Feedback-Gebern besprechen. Notiere dir das Gesprächsinhalt. Oder du nimmst das gesamte Gespräch auf, nachdem du um dessen Erlaubnis dazu gebeten hast.

Du kannst die Fragen - *nach persönlicher Rücksprache und Erläuterung mit den jeweiligen Personen* – ebenso per Email senden, sodass sich dein Feedback-Geber im Vorfeld schon Gedanken dazu machen kann. Für manche Personen ist diese Vorgehensweise besser geeignet. Dies musst du dir je nach Person entsprechend überlegen.

Du wirst aus diesen Gesprächen sowie aus den schriftlichen Rückmeldungen sehr viel über die erfahren. Wirst verwundert und auch überrascht sein. Du wirst gerührt und eventuell auch zu Tränen gerührt sein.

Wann führst du diese Fremdbild Feedbackgespräche durch? Wann beginnst du damit?

Was nimmst du aus diesem Kapitel für dich mit? Was war lehrreich? Was setzt du sofort um?

Meine 5 wichtigsten Erkenntnisse aus diesem Kapitel sind:

Persönlichkeitsanalysen

Die Persönlichkeitsanalyse gilt als wissenschaftlich validiertes Instrument, in welcher das Verhalten in konkreten Situationen hinterfragt und entsprechend analysiert wird. Dabei basiert dieses Instrument auf die Persönlichkeitsmerkale von Individuen, die als kognitive Fähigkeiten und Methodenkompetenz für den privaten und beruflichen Erfolg sowie Entwicklung mitverantwortlich sind.

Der Boom dieser Analysen

Diese Form von Analysen ist beliebter denn je. Das Eruieren und Analysieren der Persönlichkeit machen sich zahlreiche Plattformen und Unternehmen zunutze. So auch beliebte Frauenzeitschriften, wo kurze knackige Test innerhalb von wenigen Minuten den Fragenden mit neuen Kenntnissen erhellt.

Sehr beliebt ist dieses Verfahren auch bei Klein- & Großunternehmern die sich diese Form von Analysen für die Personalauswahl zunutze machen. Dabei wird dies in Form von Assessment-Center verwendet. Die Kenntnisse aus diesen Analysen eröffnet den Unternehmern ein besseres Verständnis für ihre Mitarbeiter, die somit gezielt stärkenorientiert in ihrem Unternehmen eingesetzt werden können.

Ebenso wird diese Form von Analysen gerne auch bei einer Neuorientierung, sei dies beruflich oder privat, eingesetzt, wie etwa im Coaching.

Nicht unerwähnt darf natürlich die Nutzung dieser Analysen im Bereich der Psychotherapie und klinischen Psychiatrie, die zur Erkennung einer psychischen Störung hilft.

Methoden der Persönlichkeitsanalysen

Es gibt eine Vielzahl von Persönlichkeitsanalysen. Dabei wird bei vielen auf die sogenannte Psychometrische Persönlichkeitstest zurückgegriffen. Ausgang bei diesen Test ist, dass **es kein richtig oder falsch gibt,** sondern der Proband je nach persönlichen empfinden angibt, was bei ihm mehr oder weniger trifft.

1. Big Five-Persönlichkeitsanalyse

Das Big Five Ocean Modell – oder auch Fünf-Faktoren-Modell genannt - wird bei vielen Persönlichkeits-analysen als Grundlage angesehen. In diesem Modell werden die Charaktere nicht mehr nach Typen kategorisiert sondern anhand der jeweiligen Ausprägung in 5 Haupteigenschaften bestimmt.

Diese sind: **Extraversion, Offenheit für Erfahrungen, Verträglichkeit, Gewissenhaft** und **Neurotizismus**. Diese setzten sich wie folgend zusammen:

Offenheit für Erfahrungen:

Menschen mit hohen Offenheitswerten geben häufig an, dass sie ihre eigenen Gefühle sehr stark wahrnehmen, ein sehr aktives und reges Phantasieleben haben und stark an Vorgängen sei dies im Innen wie im Außen interessiert sind.

Beschreibung: phantasievoll, kreativ, neugierig, wissbegierig, künstlerisch, experimentierfreudig, etc.

Gewissenheit

Menschen mit hohen Gewissenhaftigkeitswerten stehen für Genauigkeit, Verantwortung, Zielstrebigkeit & Selbstkontrolle.

Beschreibung: effektiv, überlegt, zuverlässig, loyal, planend, organisiert, sorgfältig, korrekt, genau, verantwortlich, etc.

Extraversion

Die hohe Extraversion zeigt sich bei Personen, die gerne den zwischenmenschlichen Kontakt lieben und gute Netzwerker sind.

Beschreibung: optimistisch, aktiv, selbstsicher, selbstbewusst, gesprächig, gesellig, energisch, heiter, etc.

Verträglichkeit

Menschen mit hohen Verträglichkeitswerten sind darum bemüht, anderen zu helfen, und haben ein starkes Harmoniebedürfnis.

Beschreibung: optimistisch, aktiv, selbstsicher, selbstbewusst, gesprächig, gesellig, energisch, heiter, etc.

Neurotizismus

Personen mit hohen Neurotizismus sind leicht aus dem seelischen Gleichgewicht zu bringen. Sie sind hochsensibel & stressanfälliger.

Beschreibung: nervös, unsicher, verlegen, trauig, melancholisch, erschüttert, beschämt, verlegen etc.

Die Big Five dient für Psychologen als Grundlage, umherauszufinden, warum manche Menschen mehr Erfolg haben als andere. Dabei zeigen Studien auf, dass zwar Intelligenz für Erfolg eine große Rolle spielt, aber ebenso wichtig ist die Persönlichkeitsstruktur. An der Universität Hohenheim haben Forscher herausgefunden, dass angeblich Gewissenhaft das wichtigste Merkmal für Erfolg im Berufsleben ist.

In weiteren Studien wurde zudem herausgefunden, dass Menschen mit einer hohen Extraversion viel mehr Spaß im Leben haben, als introvertierte Menschen, da diese einfach spontaner handeln und agieren Menschen mit einem hohen Neurotizismus.

Online Test
Sicherlich möchtest du nun für dich persönlich herausfinden, was dein ganz persönlich Bige Five Test über dich aussagt.

Den B5T® von Dr. Lars Satov kannst du online kostenlos auf dem Psychologie-Portal Psychomeda ausfüllen. (*Siehe dazu Homepage www.drsatow.de/tests/persoenlichkeitstest*). Weitere Infos und Möglichkeiten den Test in Printversion zu erhalten entnimmst du der oben angeführten Seite.

Wann machst du diesen Test? _____

2. DISG - Persönlichkeitsanalyse
Dieses Modell wurde von W.M.Marston und J.G.Geier erstellt. Je nach Anbieter stellst du dich 12 bis 28 Antwortgruppen. Dabei steht das DISG für folgende Einordnung in 4 Verhaltensweisen:

D-ominant: beschreibt eine risiko-&entscheidungsfreudige Person mit einem ausgeprägten Durchsetzungsvermögen.

I-nitiativ: erläutert Menschen, die auf andere Personen begeisternd und offen zugeht. Steht für kommunikationsfähig.

S-tetig: beschreibt eine Person die auf andere sehr sympathisch wirkt und sich durch Hilfsbereitschaft auszeichnet.

G-ewissenhaft: beschreibt eine Person die kritisch und analytisch sind und für Sorgfalt und Perfektion einstehen.

Um diese Methode besser verstehen zu lernen, lade ich dich dazu ein, dir auf der Homepage *www.disg-modell.de* das DISG – Erklär Video anzusehen. Zudem bietet diese Homepage weitere wertvolle Informationen über die DISG Methode. Ebenso kannst du auf dieser Plattform einen kostenpflichtigen DISG Test absolvieren der dir wertvolle neue Erkenntnisse über dich aufzeigen wird.

Die Plattform testedich.ch bietet dazu einen gratis Test *„Was für ein DISG-Typ sind Sie?"* an. Siehe Hinweis am Ende des Buches.

Wann machst du diesen Test? _____

3. GPOP-Persönlichkeitsanalyse

GPOP ist ein Akronym für Golden-Profiler-Of-Personality nach John Golden und basiert auf die die MBTI Persönlichkeitsanalyse auf 16 Typen die der bekannte und renommierte Psychologe Carl Gustav Jung entwickelt hat.

Dabei werden die 16 Typen in folgende Gruppen unterteilt: Fürsorger, Träumer, Denker, Genießer, Macher, Entertainer, Lehrer, Erfinder, Psychologe, Inspektor, Wissenschaftler, Handwerker, Komiker, Kommandeur, Direktor und Gastgeber.

Die GPOP Analyse unterstützt dich dabei beim Erkennen deiner eignen Neigungen und Verhaltensweisen und dient als wichtiger Impuls für die eigene Karriere- und Lebensplanung.

Mehr Info zu dieser tollen Methode findest du unter folgenden deutschsprachigen Seite: www.gpop.info

Wann machst du diesen Test? _____

4. PROFILINGVALUES Persönlichkeitsanalyse

ProfilingValues bietet einen umfassenden Blick auf Neigungen, Fähigkeiten, Kompetenzen, Interessen und Potenziale von Personen im Alltag oder Berufsleben. Das ProfilingValue beruht auf den wissenschaftlichen Ansätzen von Professor Robert S. Hartmann und gilt als ein einzigartiges System. Die Kompetenzskalen von ProfilingValues-Testverfahren sind wissenschaftlich vielfach validiert.

Mit diesem Verfahren ist es möglich, die *inneren Werte & die gegenwärtige Situation* eines Menschen abzubilden. Das Ergebnis ist ein umfassender Bericht der die Persönlichkeitseigenschaften & die gegenwärtige Nutzung der individuellen Potenziale aufzeigt.

Ich kann dir diesen Test der online bestellt werden kann sehr empfehlen. Mein Testergebnis – *die unterteilt sind in persönliche & berufliche Talentkarte* - sind sehr informativ und aufschlussreich. Diese eher unbekannte Methode ist effizient und empfehlenswert. Weitere Information zu dieser kostenpflichtigen Methode findest du auf www.profilinvalues.com.

Wann machst du diesen Test? _____

5. GALLUP Studien

Die Gallup Studien der amerikanischen Firma haben weltweit einen sehr hohen Stellenwert und sind Maßstab von zahlreichen wissenschaftlich fundierten Analysen und Umfragen, die aus über 50 Jahre Forschungsarbeit von Dr. Donald O. Clifton basieren.

Dabei fungiert das Gallup mit seinem Stärkenansatz und Clifton Strenghtsfinder als Vorreiter in der wissenschaftlich fundierten Stärkenfindung Persönlichkeits-analysen. 2002 wurde Dr. Clifton von der American Psychological Association Presidential Commendaion als *„Vater der stärkenbasierten Psychologie"* geehrt.

CLIFTON STRENGHTSFINDER

Der CliftonStrenthsFinder ist ein Onlinetest – der auf 25 Sprachen verfügbar ist -, und der Menschen dabei hilft, ihre Stärken zu identifizieren, zu verstehen und zu maximieren. Dieser Test wurde im Jahr 2001 durch das Buch „*Entdecken Sie Ihre Stärken jetzt*" dem Markt eröffnet und ist seitdem beliebter denn je.

Test Versionen:

Das Gallup Institut bietet den Clifton StrenghtsFinder in zwei kostenpflichtige Test Versionen an.

1. Auswertung zu den Top 5 Stärken - $ 20 (Stand 03.19)
2. Auswertung aller 34 Stärken- $ 90 (Stand 03.19)

Die Tests sowie weitere Informationen kannst du von den Links www.gallupstrengthscenter.com & www.gallup.de entnehmen.

Diese Tests kann ich dir bestens empfehlen, da diese sehr aufschlussreich sind. Auch wenn die Tests kostenpflichtig sind, ist die Summe von knapp $90 wenig im Verhältnis zu dem Wissen, dass du über dich und deine Stärken erhältst.

Nachdem du die 30 minütigen Tests durchgeführt hast, wirst du schwarz auf weiß deine 34 Stärken einem wissenschaftlich fundierten Background präsentiert bekommen. **Mehrwert pur!**

Wann wirst du diesen Test durchführen? _____

Diese Sammlung an Persönlichkeitsanalysen gibt dir einen tollen Einblick in den Verfahren die dir zur Verfügung stehen. Mit etwas Zeit und diversen Investitionen erhältst du wissenschaftlich fundierte Ergebnisse, die dir einen sehr guten Blick in deinen Talenten & Stärkenkatalog ermöglichen. Nun liegt es an dir!

Was nimmst du aus diesem Kapitel für dich mit?

_____

Meine 5 wichtigsten Erkenntnisse aus diesem Kapitel sind:

Hilfsmittel in Aktion

Alles geht leichter sobald du nützliche Hilfsmittel einsetzt. Indem du dich an Prozesse hältst, die es dir ermöglich täglich mit kleinen Schritten deinem Ziel näher zu kommen, brichst du somit das große Ziel in kleine feine Meilenschritte herab und wird einfacher.

Dabei kommt es darauf an, welche Hilfsmittel du effektiv einsetzt. Mit einem PS starken Schneegerät bist du besser bedient als mit einem einfachen Schneeschaufel. Hier stelle ich dir ein paar tolle Methoden und Hilfsmittel vor, die dir in deiner Entfaltung deines Potenzialen wertvolle Dienste leisten werden.

1-Minuten Methode

Hinter dieser Methode steckt die aus Japan stammende Kaizen-Philosophie und soviel wie **Veränderung oder Wandel zum Besseren** bedeutet. Die 1-Minute Methode ist darauf ausgerichtet, die Konzentration und Fokussierung einer bestimmten Sache auf täglich 1 Minute zu richten. Jeder kann sich 1 Minute Auszeit nehmen - auch du! Dies kannst du für das Vorstellen deiner Ziele verwenden, für Liegestütze, für eine Entspannungsübung, für das Stärken deines mentalen Gedankens. Für was verwendest du ab sofort die tägliche 1-Minuten Methode?

_____

_____

5-Stunden-Regel

Viele erfolgreiche Menschen schwören darauf: Auf die 5 Stunden Regel die von Benjamin Franklin ins Leben gerufen wurde. Diese Regel bezieht sich auf das Prinzip, dass du dir fünf Mal in der Woche je eine Stunde pro Tag für deine **persönliche und professionelle Entwicklung Zeit** nimmst.

Du hast bereits einen vollen Kalender?

Frage dich: Viel Zeit verbringst du mit Fernsehschauen und mit sinnlosem Internet surfen? Überleg dir, wo du täglich 1 Stunde für dich gewinnen kannst. Ich bin mir sicher, du entdeckst sogleich hartnäckige Zeitfresser, die du ab sofort für deine Selbstreflexion nutzen wirst. Nutze diese effektiv wie für folgende Tätigkeiten:

✓ Mache dir Gedanken über deine Ziele und Fortschritt
✓ Lese in lehrreichen Büchern
✓ Übe dich in deinen angestrebten Fähigkeiten
✓ Suche Gespräche mit für dich interessanten Menschen

Ab wann und wie wirst du die 5-Stunden-Regel einsetzen?

80/20 Regel oder Pareto Prinzip

Sicherlich hast du schon einmal von der 80/20 Regel oder dem Pareto Effekt gehört. Das von dem Ökonomen *Vilfredo Pareto* initiierte Prinzip basiert darauf, dass z.B. **80% des Ergebnisses durch 20% Einsatz erledigt wird.** Dieses Prinzip lässt sich auf zahlreiche Beispiele herunterbrechen. Für uns hier ist die Betrachtung auf das Zeitmanagement ein wichtiger Faktor: Mit 20% der richtig eingesetzten Zeit, lassen sich 80% der Aufgaben erledigen. Mit diesem Grundsatz lassen sich zudem im Selbstmanagement, in der Organisation und Produktivität deiner Projekte enorme Erfolge erzielen.

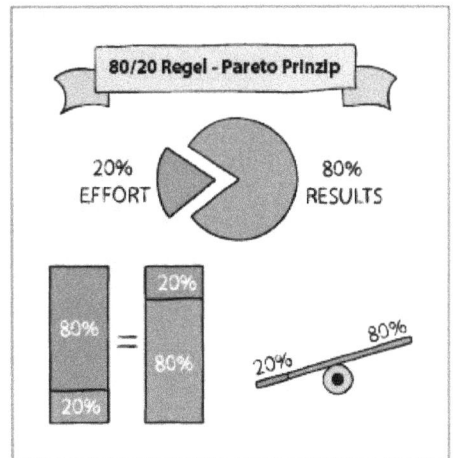

Attention: Es macht wenig Sinn noch mehr Arbeit, Zeit und Elan in ein Projekt/Arbeit zu stecken, das längst gut ist. Warum auch. Beispiel: Für einen guten Kuchen machen, brauchst du 20%

Einsatz. Wenn du einen perfekten Kuchen machen möchtest, brauchst du analog Pareto 80% der Einsatz, Mühe & Zeit. Der Ausdruck von Perfektionismus nimmt viel Zeit in Anspruch. Ist das die Mühe wert? Wer will schon einen perfekten Kuchen?

Wie kannst du das Pareto Prinzip im Alltag verwenden? Indem dir bewusst wirst, WIEVIEL ZEIT du in WELCHE Projekte steckst. WIE kannst du dies optimieren? Wie kannst du die 80/20 Regel am besten WO einsetzen? PER WANN beginnst du damit?

18-Minuten-Regel

Laut *Peter Bregmann*, dem Erfinder dieser Regel, kannst du mit der 18-Minuten-Regel in der Selbstreflexion bessere Prioritäten setzen und ist erstaunlich einfach. Er empfiehlt dazu die 18 Minuten auf den gesamten Tag aufzuteilen.

- ✓ Morgens: 5 Minuten
- ✓ Tagsüber: 1x pro Stunde Wecker stellen (insgesamt 8x)
- ✓ Abends: 5 Minuten

Morgens planst du deinen Tag. In der jeweiligen Minute, an die dich dein Wecker erinnert, hinterfragst du kritisch: *Habe ich die vergangene Zeit (Stunde) sinnvoll und produktiv genutzt?* Abends lässt du den Tag Revue passieren und fragst dich: Was habe ich heute erreicht? Was habe ich getan um meinem Ziel näher zu kommen? An welchen Fähigkeiten habe ich gearbeitet?

Es ist ziemlich egal, ob du 15, 20 oder 30 Minuten für diese Selbstreflexion investiert, solange du dir täglich diese Zeit nimmst.

Bücher lesen / hören

Laut der Studie „Books are forever" von Giorgio Brunello verdienen Menschen, die in ihrer Jugend freiwillig 10 Bücher gelesen haben, rund 21% mehr. Zudem sagt eine Studie der Yale-Universität, dass Leseratten länger leben als Menschen, die das Lesen eher meiden.

Mir gefallen dazu Voltaires Worte: „Lesen stärkt die Seele".

Für all jene die sich trotz dieser Tatsachen nicht mit dem Lesen anfreunden können, sind Hörbücher eine gute Alternative. Denn auch das Zuhören regt den Geist an, trainiert die Aufmerksamkeit, inspiriert die Kreativität und fördert die Phantasie.

Dazu eignet sich hervorragend die Plattform audible.com von Amazon, die Tausende von Hörbüchern in zahlreichen Sprachen und Sparten anbieten. Hol' dir somit deine Universität in dein Heim, Auto und auf dein Smartphone. (Siehe unter www.audible.com).

Per wann probierst du dies aus? _____

Blinkist

Dieses Tool schafft es große Ideen auf den Punkt zu bringen. Dabei verwandelt Blinkist die Kernaussagen der besten Sachbücher in 15-minütige Kurztexte, die entweder zum Lesen oder als Audio bereitstehen. Ein wunderbares Tool, um sich eine schnelle Übersicht über den Inhalt eines Buches zu verschaffen.

Natürlich ersetzt diese Art des „Lesens" nicht das Lesen des gesamten Buchwerkes. Aus meiner Sicht kommt hierbei das vorher erwähnte Pareto Prinzip zum Tragen. Besser 20% Zeit in das Hören/Lesen der Kurzfassung zu investieren um 80% der Kernaussagen zu erfahren.

Oder anders gesagt: **Für Menschen die grundsätzlich nicht gerne lesen, ist diese Variante sehr hilfreich und nützlich.**

Du bist dir noch nicht sicher, ob dieses kostengünstige Werkzeug etwas für dich ist? *Blinkist* bietet jeden Tag kostenlos ein Hörbuch an. Ideal zum Reinschnuppern (*mehr Info unter www.blinkist.com*).

Per wann probierst du dies aus? _____

YouTube

Dieses Videoportal bietet eine umfangreiche Auswahl an Videos, Trailer, selbstgedrehte Filme, etc. Gerade im Bereich Bildung lässt sich auf YouTube eine Vielzahl an herausragenden Lernvideos finden und auch sehr erfolgreich nutzen. Ich persönlich bin von diesem Fundus an Lernmöglichkeiten und Optionen fasziniert und verwende diese Quelle an Wissen ständig. Sei dies um mich zu informieren oder mich bewusst weiterzubilden.

Nebst dem Equipment und Internetverbindung braucht es somit nur noch eines: **Den Biss, die Konsequenz und der eiserne Wille** sich auf das Lernen über Internet einzulassen. Du kannst somit bei täglichem konsequentem Training anhand ausgewählter YouTube Videos schier alles lernen was dein Herz begehrt. Und das ganz ohne Zusatzkosten! (*Mehr Info unter www.youtube.com*).

Hand aufs Herz: Was wolltest du immer schon lernen? Es war dir aber bisher aus finanziellen Gründen oder auch aufgrund von der Distanz (Schule, Bildungsstätte zu weit entfernt) möglich?

_____

Ab sofort bietet dir YouTube diese Möglichkeit!

Somit: Per wann beginnst du dich mit Hilfe von YouTube dieser Themen zu widmen? Wieviel Zeit pro Tag investierst du in darin?

_____

72 Stunden Regel

Die 72-Stunden-Regel ist klar und eindeutig:

Alles was du dir vornimmst, musst du innerhalb der nächsten 72 Stunden beginnen. Ansonsten sinkt die Chance, dass du dein Projekt jemals umsetzt auf 1%.

Grund dafür ist die zumeist mangelnde Entschlossenheit die uns in der Tatenlosigkeit drängt. Mit dieser Methode allerdings, hast du einen wunderbaren Antreiber an deiner Seite, der dir dabei helfen wird, dass du dein Ding durchziehst. Alles beginnt einfach mit deiner Entscheidung innerhalb von 72 Stunden damit zu beginnen! Klar nach dem Motto:

JETZT ist der beste Zeitpunkt um damit zu beginnen.

Somit dient die 72-Stunden-Regel als Antreiber, als klare Vereinbarung, mit welcher du dich mit Haut und Haaren verschreibst! Dabei brachte dies *Lews Terman* mit der Feststellung auf den Punkt: *„Intelligenz wird zuweilen überschätzt. Denn Beharrlichkeit und Konsequenz hat oft die größeren Auswirkungen auf Erfolg".*

Somit entscheide jetzt, mit welchen Projekten, Veränderungen & Taten du innerhalb der nächsten 72 Stunden beginnen wirst.

_____

_____

_____

_____ **BRAVO!**

Meine 5 wichtigsten Erkenntnisse aus diesem Kapitel sind:

Erfolg hat 3 Buchstaben: TUN

Eines meines Lebensmottos ist der Titel dieses Kapitels. Nur mit dem effektiven Tun werden Veränderungen, Verbesserungen eingeleitet. Kein Samen gedeiht ohne das Zugeben von Wasser, Licht und Erde. Somit ist einer der Hauptessenzen von allem die klare Entscheidung des Handelns, des Aktiv-werdens, sprich des Agierens.

Erfolg kommt von Er-Folgen

Wie das Wort Erfolg schon an sich vorgibt, folgt Erfolg der Tat des Folgens. Dies heißt, dass sich Erfolg einstellt als Folge von etwas Bestimmten, wie eben dem Folgen einer Entscheidung. Jener Entscheidung aktiv ins Handeln zu kommen. Durchaus sehe ich das Folgen in der Kombination von weiterer Aktion, wie das Folgen der eigenen inneren Stimme, oder das Folgen seiner Ziele.

Erfolg ist kraftvoll, dynamisch und autonom in seiner Art und als Folge der Entscheidung, sich von etwas zu scheiden und stattdessen in dem Ruf vom Erfolg zu folgen.

Was bedeutet für dich Erfolg?

Tagträumer ade

Viele Menschen hängen ihren Tagträumen nach und schweifen von der Realität ab. Sie wünschen sich tief im Herzen ein besseres Leben und flüchten in ihren Gedanken in dieser fiktiven Welt, wo alles bunter, spannender und schöner ist.

Träume sind wichtig, zweifellos! Träume bieten Dinge noch nicht eingetroffenes den Raum, die Bühne und das Rampenlicht. Das ist ein einleitender Prozess von jedem neuem. Entscheidend ist allerdings, dass sich der Träumer nicht in seinen Tagträumen zum

Stubenhocker entwickelt, sondern er sich aufgrund seiner visuellen Vorstellungen mit aller Kraft und Elan an das Umsetzungen macht.

Statt Passivität kommt er in das Agieren.

Raus aus dem Traum, rein in den Raum der Taten. Wie ist das bei dir? Bist du eher ein Tagträumer oder ein Macher. Ein Mann/Frau der Tat, der Aktion?

_____

Was kannst du tun, um dich in deinen Handlungen zu unterstützen? Was fällt dir da spontan ein?

_____

Was ist die Essenz des Erfolgs?

Es ist eines zu wissen, wohin die Reise hingehen soll und etwas anderes, mit was du nun versuchst von A nach B zu kommen. Wenn du in einem Paddelboot sitzt dauert die Fahrt länger, als wenn du ein PS starkes Motorboot hast. Genauso ist dies mit deinem Einsatz, Bereitschaft, deiner klaren Entscheidung in Aktion zu treten. Jeder Sportler weiß, dass tägliches Training und Fokus die Muskeln wachsen lassen, die Technik verbessern lässt und die Finger fließender über die Klaviertasten wandern.

Die Essenz jeden Erfolges liegt somit in der Disziplin, Konsequenz! Ein weiterer wichtiger Faktor:

Der Entscheidung JETZT loszugehen und
nicht erst morgen oder übermorgen.

Heute ist der beste Tag für Veränderung!

Somit tritt in die Aktion und beginne genau jetzt damit deine Veränderung einzuleiten, indem du den 1. Schritt der Tat einleitest. Was ist deine erste klare Entscheidung, dein 1. Schritt?

Folge deinem inneren Ruf

Tief in deinem Inneren weißt du ganz genau was du tun musst, um dein ganzes Potenzial zu leben. Du kennst die Schritte, die Meilensteine, den Weg zu deinem Ziel. Vertraue auf dich und deine innere Stimme, die ebenso als Intuition bekannt ist. Gerade bei dem unbedachten Verhalten von Kindern ist das natürlichen Vorhandenseins der Intuition offensichtlich, dass wir im Laufe unseres Erwachsenwerdens verlieren.

TIPP Wenn du nun aus der Übung bist und meinst, dass dein Draht zu deiner Intuition unterbrochen ist, so kannst du dies trainieren, üben und dadurch wieder aktivieren und einsetzen.

Im Volksmund heißt es, dass Frauen ein besseres intuitives Gefühl haben, während Männer diese Fähigkeit geringer ausgeprägt haben. Dies ist für mich nicht stimmig! Was sicherlich stimmt ist, dass Frauen eher dazu neigen auf ihren Bauch zu hören und ihre Entscheidungen mit der Rücksprache dessen bestimmen während Männer eher darauf geübt sind, ihren Kopf zum Entscheiden einzusetzen. Auch Männer tragen die Fähigkeit der Intuition in sich und aktivieren diese durch aktives Training.

Wie ausgeprägt ist deine Fähigkeit deiner Intuition?

_____

Bist du bereit dein Potenzial deiner inneren Stimme zu nutzen?

_____

Entscheidungen treffen

Wie im Vorfeld schon erwähnt, hat ein jeder Mensch eine begrenzte Lebenszeit zur Verfügung. Die Lebensuhr tickt. Das ist

Fakt und unumstößlich. Auch wenn dir diese Tatsache mehr als unangenehm ist, lässt sich dies nicht verändern.

Nimm dir zu Herzen, was Menschen an ihrem Sterbebett sagen, wie dies von *Bronnie Ware* in ihrem Buch „*5 Dinge die Sterbende am meisten bereuen...*" zusammengetragen wurde. Dabei meinten diese Menschen *Ich wünschte, ich hätte...*

1. *...den Mut gehabt, mein eigenes Leben zu leben.*
2. *...den Mut gehabt meine Gefühle zu zeigen*
3. *...nicht so viel gearbeitet*
4. *...den Kontakt mit meinen Freunden aufrecht gehalten*
5. *...es mir erlaubt, glücklicher zu sein*

Aus diesem Grund gilt es **deine Lebenszeit nicht zu vergeuden, sondern das Beste daraus zu machen.**

Dies beginnt mit der Entscheidung den 1. Schritt zu wagen neue Weg zu gehen, mit der Entscheidung ab sofort mit all deinen vorhandenen Ressourcen die Essenz deines Lebens zu aktivieren.

Dein Potenzial zu leben!

Du hast diese Ressourcen aus bestimmten Gründen mitbekommen. Kein Zufall hat darüber entschieden, sondern eine klare Lebens- & Seelenaufgabe wurde dir auf den Weg mitgegebenen.

Indem du diese Zeilen liest, lässt erkennen, dass du dieses Buch mit all seinen Impulsen, Empfehlungen und Tipps gelesen hast. Nun weißt du, was es zu tun gilt. Ich habe dir mit diesem Buch eine Karte für das Entdecken deines Schatzes, deiner Stärken und Talente kreiert und in deine Hand gelegt. Nun gilt es, dass du in die Gänge kommst und dich an das Umsetzen machst.

Was nimmst du mit? _____

Vereinbarung eingehen

Nun heißt es aktiv in Aktion treten. Du hast es in der Hand. Du bist die Veränderung, der Drahtzieher.

Kein anderer als DU bist für dich selbst verantwortlich.

Das setzt auch das Wort Ver-EIN-barung mit sich, die ICH als Protagonist, als Hauptdarsteller mit mir selbst eingehe. Deshalb:

Triff jetzt die Entscheidung, dass du jetzt diese Vereinbarung mit mir selbst eingehst. Fülle dazu die Vereinbarung auf der Nebenseite aus, kopiere dir diesen und trage diese Vereinbarung ab sofort immer mit dir mit!

Du gehst mit dir selbst eine Verpflichtung die sehr wichtig und entscheidend ist.

Fülle die Vereinbarung JETZT sofort aus! _____

Es hängt alles von dir selbst ab!

Du bist der Schmid deines Lebens, der Kapitän deines Schiffes! Du alleine entscheidest, in welche Richtung du gehst. Du bist jene Person die schlussendlich für sich entscheidet, ob du dich mutig und stolz den Tellerrand stellst und mit neuem Blick deine so vielen und reichen Ressourcen ab sofort einsetzten wirst.

Du hast das Beste für dich verdient! Nimm' diese tolle Chance wahr, aktiviere deine Ressourcen und lebe das Leben, zu welchen du geboren wurdest! Du bist es dir wert!

Entscheidung: _____

Was nehme ich aus diesem Kapitel mit? _____

_____

Vereinbarung

Ich _____ aus _____

bestätige heute am _____, dass ich mit ganzer Passion, Power und Einsatz alles tun werde, um meine Stärken und Talente zu aktivieren und einzusetzen. Dazu setze ich die Methoden, Werkzeuge und Hilfsmittel kontinuierlich und diszipliniert ein.

Ich treffe hier und jetzt die Entscheidung, dass ich mir bewusst bin, dass nur ICH für mein Leben, Entscheidungen und Weg verantwortlich bin.

Ich fühle mich reich beschenkt an phantastischen Eigenschaften, Fähigkeiten, Stärken und Talenten, die mir allesamt für das Verwirklichen meiner Lebensaufgabe mitgegeben wurde. Ich setze alles daran, um täglich mehrere Schritte auf mein Ziel entgegenzugehen.

Mein täglicher Einsatz ist unermüdlich, konsequent und diszipliniert. Meine Wertschätzung, Anerkennung und Dankbarkeit ist endlos und ich erfreue mich täglich an dem Schatz meiner Eigenschaften und Talente die mir mitgegeben wurden und die ich nun bewusst in meinem täglichen Leben einsetze.

Ich werde täglich an der Entfaltung & Nutzung meines ganzen Potenzials arbeiten und dadurch ein glückliches und erfüllendes Leben leben. Dabei überschreite ich Grenzen und entdecke neue spannende Welten.

Ich _____ bin mir dies wert! Denn ich wurde dazu geboren, um ein glückliches und erfüllendes Leben zu führen, dass durch Einsatz meiner Stärken und Talente.

Mit meiner Unterschrift bekunde ich mein absolutes Zugeständnis und Fokussierung auf diese Ziele.

_____   _____
Name   Datum

Voila: Meine Stärken & Talente

Fasse hier deine Erkenntnisse aus den vorhergehenden Kapiteln und den durchgeführten Tests zusammen:

Bei diesen Tätigkeiten werde ich um Hilfe gebeten...

Was ich besonders gut kann...

Was mir besonders leicht fällt...

Dafür werde ich beneidet...

Diese Fähigkeiten habe ich, die die viele Menschen nicht haben...

Mit diesen Fähigkeiten kann ich anderen etwas Gutes tun...

Diese Tätigkeiten mache ich mit Passion...

Diese Erfolge weise ich auf...

Das sind meine 5 größten Talente...

Das sind meine 5 größten Stärken...

Gratulation! Du bist eine talentierte, großartige Person!

Abschlusswort

Du bist großartig, phantastisch, herausragend und wunderbar!

Du bist talentiert, vielseitig, begabt und verfügst über zahlreiche wundervolle Stärken, die dir bei der Entfaltung deines Potenzials und Erreichen deiner Ziele tatenkräftig und willig zur Seite stehen.

Du bist reich an kraftvollen Ressourcen und Fähigkeiten, die du nun einzig anwenden und in Aktion setzen musst.

Du in deiner ganzen Form & Art bist ein Individuum, das es kein zweites Mal gibt. Sowie dein Fingerabdruck dich in deiner Einzigartigkeit schwarz auf weiß belegt, so bist du in deinem Inneren und Sein DU in deiner vollen Wesensart, Schöpfertum, Pracht, Einzigartigkeit und Genialität.

*Nimm' diese Gaben, diese in deine Wiege gelegten Ressourcen mit offenen Armen an und erfreue dich daran. Nimm' deinen einzigartigen, tollen, physischen Körper, deinen herausragenden Geist und deine wundervolle Seele als das an was es ist: Als ein **Geschenk**, dass es täglich aufs Neue mit Dankbarkeit & Wohlwollen anzunehmen und gänzlich zu leben gilt!*

Lege jegliche Zweifel über deine Einzigartigkeit ab und fokussiere dich stattdessen auf die großen und wichtigen Fragen: Ab wann beginne ich damit, mein Potenzial aus den Zwängen zu befreien und stattdessen das Leben so zu führen, dass ich in meinen Träumen schon so real erlebe? Wann beginne ich damit, mein Leben so zu leben, wie ich es mir wünsche!

Du trägst alles in dir, was es dazu braucht! Somit setz' die Segel, nimm den Kompass in die Hand, wähle deine Richtung aus und lass dein Schiff in Richtung NEUES LEBEN gleiten: Schiff & Leben ahoi!

Ich weiß, du bist dazu geboren! LEBE ES!

Notizen

Notizen

Notizen

Stärken-Test

Beantworte die Fragen zügig und ohne lange darüber nachzudenken. Nach jeder Frage steht ein Buchstabe. Diesen Buchstaben zählst du zusammen. Am Ende des Tests erfolgt eine Auswertung anhand der Häufigkeit.

1. Stellen Sie sich vor, dein Team ist mit einem Projekt in Verzug und euer Chef hält eine Standpauke. Wie reagierst du?

- Ich setze mich sofort danach mit dem Team zusammen, Krisenbesprechung: Was können wir tun, um das Ruder herumzureißen? **A**
- Ich fühle mich schrecklich und grübele die ganze Zeit, wie es soweit kommen konnte. **B**
- Ich analysiere die Situation, sehe meinen Anteil und was ich ändern kann. **C**
- Ich kann mit schwierigen Situationen umgehen und bleibe gelassen. **D**

2. Wenn ein Projekt fertig geworden ist, wie schätzt du deinen Anteil dran ein?

- Anfangs fand ich die Herangehensweise merkwürdig; ich konnte allerdings mit einigen Vorschlägen punkten. **A**
- Ohne die gegenseitige Unterstützung durch die anderen Teammitglieder wäre das nie was geworden. **B**
- Unser Team besteht aus 5 Leuten, die Aufgaben waren entsprechend der persönlichen Kompetenzen verteilt & ich habe das Ganze koordiniert. **C**
- Ich weiß, was ich kann und werde das auch entsprechend herausstreichen. **D**

3. Du wirst gebeten, eine Präsentation zu halten. Wie gestaltest du diese?

- Hauptsache, die Zeit reicht: Ich habe etliche Ideen, wie man das Thema aufziehen könnte. **A**
- Ich werde zeitig mit den Vorbereitungen beginnen. Und ganz wichtig ist mir eine Diskussionsrunde, in der sich jeder einbringen kann. **B**
- Material habe ich zu dem Thema zur Genüge. Mit einigen Grafiken sollte ich das Thema verständlich darstellen können. **C**
- In dem Thema bin ich sattelfest. Ich schaue mir vorher meine Unterlagen an, aber das wird schon laufen. **D**

4. Jeder Job besteht in Teilen aus Routine. Wie kommst du damit klar?

- Ich hasse Routine. Sie begrenzt einen geistig; ich brauche Abwechslung. **A**
- Bei Routineaufgaben fühle ich mich sicher. **B**
- Das kann manchmal öde sein, gehört aber halt dazu. **C**
- Der Vorteil ist: Sie kann schnell erledigt werden. Dann wende ich mich dem nächsten Punkt zu. **D**

5. Im Büro kommt es zwischen 2 Kollegen zu Streitigkeiten. Wie reagierst du darauf?

- Ach, das kommt in den besten Familien vor. Erstmal ein Käffchen, vielleicht auch umsetzen und dann läuft das wieder. **A**
- Missstimmungen kann ich nicht gut aushalten; ich versuche zwischen den beiden Streithähnen zu schlichten. **B**
- Streitigkeiten im Team wirken sich nachteilig auf das Ergebnis aus, ich bin genervt, wenn das meine Arbeit behindern sollte. **C**
- Ich halte mich zurück: Das sollen die mal schön unter sich regeln. **D**

6. Wie gehst du mit Veränderungen um, z.B. neuen Aufgabenbereichen?

- Ich liebe es, neue Bereiche zu erkunden und auszuprobieren. Kann sein, dass mir so noch Ideen für Verbesserungsvorschläge kommen. **A**
- Es hängt ganz davon ab. Mal schauen, was auf mich zukommt. **B**
- Ich verschaffe mir einen Überblick und werde dann entscheiden, was als Erstes zu tun ist. **C**
- Ich lasse mich überraschen, bin absolut offen für Neues. **D**

7. Wie triffst du Entscheidungen?
- Ich probiere das aus, was mir am meisten zusagt. **A**
- Ich bespreche mich mit anderen und lasse das wirken. **B**
- Ich schaue mir die verschiedenen Möglichkeiten an; am besten mit einer Pro-Contra-Liste – das ist schön übersichtlich. **C**
- Ich vertraue da meiner Intuition und entscheide schnell. **D**

Zähle nun die Buchstaben zusammen. Die Auswertung findest du auf der nächsten Seite. *(Stärken-Test & Auswertungen - Quelle: karrierebibel.de/starken-erkennen/)*

Auswertung zum Stärken-Test

Du hast überwiegend A:
Du bist eher der *kreative Typus*. Neue Aufgabenbereiche faszinieren dich, da du gerne neue Dinge ausprobierst und nach Lösungswegen guckst. Du liebst die Abwechslung, Routine hingegen ist die verhasst. Notgedrungen arrangierst du dich mit ihnen, freust dich aber, wenn du das hinter dir hast.

Du bist ein phantasiebegabter Mensch, der manchmal etwas chaotisch auf andere wirkt. *Das Genie beherrscht das Chaos!*
Auch die Pünktlichkeit ist hin und wieder eine Herausforderung für dich. Auch sprühst du vor Ideen und kannst damit bei anderen punkten!

Du hast überwiegend B:
Du bist eher ein *hilfsbereiter Typ*. Neue Aufgabenbereiche stehst du skeptisch gegenüber, denn für dich ist klar: Neu ist nicht immer besser. Routine vermittelt dir Sicherheit, daher hast du auch keine Probleme mit solchen Aufgaben. Du könntest auch in einer Behörde mit klar geregelten Abläufen wohl fühlen.

Dir kommt es auf ein faires, konstruktives Miteinander an. Wenn die Stimmung im Team gut ist, dann fühlst du dich wohl. Der Austausch ist dir wichtig, da du so Ideen entwickeln kannst. Ansonsten liegt dir die Selbstdarstellung nicht besonders. Das überlässt du anderen. Aber im Lösen von Konflikten liegt einer deiner grossen Stärken.

Du hast überwiegend C:
Du bist eher der *analytische Typus*. Wenn du neuen Aufgaben zugeteilt wirst, verschaffst du dir einen Überblick: Woran ist zu denken? Wer ist zu informieren? Wo finde ich die Infos dazu? Und genau das ist deine Stärke: Du verschaffst dir möglichst umfangreiche Information zu einem Thema. Manchmal läufst du Gefahr, dich dabei zu verlieren, aber dann überwiegt dein Pragmatismus.

Du kannst toll im Team arbeiten, schätzt durchaus Anmerkungen anderer Kollegen. Allerdings brauchst du auch Ruhe, weshalb ein Grossraumbüro für dich Gift ist. Deine sachliche Art ist besonders in Konfliktsituationen hilfreich, da du entschärfend auf andere einwirken kannst.

Du hast überwiegend D:

Du bist eher der *aktive Typus*. Du machst einfach. Du verfügst über eine gute Intuition und kennst deine Stärken ziemlich genau. Dazu gehört, dass du schnell bist.

Grosse Hin und Her schätzt du nicht, weshalb du dich auch bei Konflikten heranhältst, sofern du nicht selbst davon betroffen bist.
Überhaupt bist du tendenziell ein Einzelkämpfer, da du Dinge lieber gezielt angehst und andere Vorgehensweisen teilweise als chaotisch und unnötig zeitraubend empfindest.

Du bist organisiert und hast keinerlei Schwierigkeiten, Entscheidungen zu treffen, wenn es darauf ankommt. Somit liegen dir Führungsaufgaben, da du Aufgaben ohne weiteres delegieren kannst.

(Stärken-Test & Auswertungen - Quelle: www.karrierebibel.de/starken-erkennen/)

Ergebnis:

Und wie ist dein Ergebnis? Was für dein Typus bist du? Wie denkst du darüber? Trifft die Auswertung bei dir zu?

Dieser Test ist als Selbst-Test zu verstehen und hilft dir dabei deine Stärken zu erkennen und deine Neigungen auf die Spur zu kommen. Natürlich gilt es dieser kleine Test als Anregung zu verstehen, der dir einen kleinen Einblick in deinen Typus gilt. **Dieser Test ist nicht als psychologische Einschätzung zu verstehen.** Allerdings zeigt er bereits relativ gut auf, in welche Richtung deine Stärken gehen.

Ich empfehle dir sehr, dass du weitere Tests und Dinge ausprobierst, um deinen Stärken aufzuspüren. Siehe dazu unter Kapitel *„Auf den Spuren deiner Ressourcen"* wo ich weitere Erläuterungen zu Reflexion Methoden sowie Tipps & Tricks gebe, wie du deine Stärken erkennen lernst.

Viel Spass dabei!

Anhänge

Liste von Talenten

Menschen anziehen, Kreatives Arbeiten, Schöpferisches Arbeiten, Gesetzmäßigkeiten erkennen, Sprachliches Ausdrucksvermögen, Sinn für Schönes, Psychologische Fähigkeit, Metaphysische Kräfte, Dichtung & Poesie, Händchen mit Pflanzen, Konfliktfähigkeit, etc.

Alphabetische Liste von Stärken

A: ausgeglichen, achtsam, agil, aufgeschlossen, ausdauernd, aufrichtig, abenteuerlustig, abwägend, aufmerksam, amüsant, aufgeweckt, anpassungsfähig, ausdauernd…

B: bodenständig, bezaubernd, bewusst, bestimmend, beständig, bescheiden, belastbar, behutsam, beherzt, beharrlich, begeisterungsfähig…

C: couragiert, charmant, charismatisch, cool, clever…

D: diszipliniert, dynamisch, diskret, durchsetzungsstark, diplomatisch…

E: ehrlich, empfindsam, effizient, energiegeladen, einfallsreich, elegant, einfühlsam, engagiert, eigenständig, erfinderisch, entspannt, extravertiert, ernsthaft, ermutigend, experimentierfreudig…

F: feinfühlig, freidenkend, freimütig, fürsorglich, flexibel, feinsinnig, fair, fröhlich, furchtlos…

G: gütig, großzügig, gründlich, gesellig, geschickt, gerecht, geradlinig, gelassen, geistreich, geheimnisvoll, gefühlvoll, geduldig, gebildet, gastfreundlich…

H: heiter, hingebungsvoll, herzlich, humorvoll, hilfsbereit, hintergründig …

I: intuitiv, integer, innovativ, ideenreich, initiativ, intensiv, inspirierend, intellektuell…

K: kontaktfreudig, kraftvoll, kreativ, konstant, kommunikativ, kollegial, klar, klug, kämpferisch, kritisch, konsequent, kultiviert…

L: lebhaft, leidenschaftlich, liebevoll, locker, leichtfüßig, lebensfroh, loyal…

M wie … musikalisch, mutig, motivierend, mondän, mitfühlend…

N: natürlich, nüchtern, nachsichtig, nachdenklich, naturverbunden…

O: offenherzig, optimistisch, ordentlich, objektiv, offen…

P: präzise, pragmatisch, pfiffig, prinzipientreu, pflichtbewusst, phantasievoll, poetisch, patent…

Q: quirlig…

R: romantisch, risikofreudig, realistisch, reaktionsschnell, raffiniert, reflektiert, reif, resolut, ruhig, rücksichtsvoll…

S: sanftmütig, sachlich, selbstständig, selbstlos, schnell, schlagfertig, souverän, sportlich, spontan, sorgsam, sinnlich, sozialkompetent, sprachbegabt, stilsicher, stark…

T: tolerant, tiefgründig, tough, tatkräftig, taktvoll, temperamentvoll …

U: unbeschwert, umgänglich, umsichtig, unkonventionell, uneigennützig, unterhaltsam, unerschrocken, unkompliziert, unparteiisch…

V: verantwortungsbewusst, verlässlich, verbindlich, verspielt, verständnisvoll, vertrauenswürdig, verführerisch, vorausschauend…

W: wissbegierig, witzig, wohlwollend, weise, wagemutig, willensstark, warmherzig, weitsichtig, widerstandsfähig, weltoffen …

Z: zielstrebig, zupackend, zuvorkommend, zuverlässig, zärtlich, zäh, zuversichtlich…

Quelle: www.hrtoday.ch/sites/hrtoday.ch/files/article_inline_images/Staerkenliste.pdf

Mein Stärken-Tagebuch

Datum:_____

Meine Ziele: Meine heute eingesetzten Stärken:

1. _____   1. _____

2. _____   2. _____

3. _____   3. _____

Wofür bin ich dankbar? _____

_____

_____

Was habe ich heute gut gemacht? Was ist mir heute toll gelungen?

_____

_____

Wem habe ich heute wie geholfen?

_____

Welchen Moment von heute möchte ich wieder erleben?

_____

Was habe ich heute getan um meinen Zielen näher zu kommen?

_____

_____

6 Fragen zum täglichen Abfragen:

1. Was habe ich heute gut/toll gemacht?

_____

_____

2. Was hat mich heute zum Lächeln gebracht?

_____

_____

3. Was hat mich heute glücklich gemacht?

_____

_____

4. Wem habe ich heute ein gutes Gefühl gegeben?

_____

_____

5. Was habe ich heute gelernt?

_____

_____

6. Was werde ich morgen besser machen?

_____

_____

Quelle

Hier sind die Quellen aufgeführt aus welchen ich Informationen geschöpft und in dieses Buch einfließen habe lassen.

✓ Online-Enzyklopädie: *www.wikipedia.com*

✓ Online Ratgeber zu Themen wie Achtsamkeit, Erfolg, Motivation, etc. *www.zeitzuleben.de*

✓ Wertvolle Infos & Fakten rund um Karriere. Sehr empfehlenswert *www.karrierebibel.de*

✓ Begriffserläuterungen: Gabler Wirtschaftslexikon *www.wirtschaftslexikon.gabler.de*

✓ Know-How for tomorrow; Fachartikeln & News: *www.hrtoday.ch*

Video/Film Tipps

- *Good Will Hunting* mit Matt Damon & Robin Williams (Film)
- *Billy Elliot - I will dance* von S. Daldry mit J. Walters & G. Lewis (Film)
- *Forrest Gump* mit Tom Hanks (Film)
- *Das Pinguin-Prinzip* von Dr. Eckart von Hirschhausen (YouTube)
- *Alphabet – Angst oder Liebe?* von Erwin Wagenhofer (Dokumentation)
- *How Coaching works* – www.youtube.com/watch?v=UY75MQte4RU

EmpfehlungsLinks

➢ Was für ein DISG-Typ sind Sie? Gratis Online Test
  www.testedich.ch/quiz46/quiz/1484166111/Was-fuer-ein-DISG-Typ-sind-Sie

➢ Gallup Strenghts Finder; Clifton StrenghtsFinder – Online Test
  www.gallup.de oder www.gallupstrengthscenter.com

➢ Erklärvideo zum DiSG®Persönlichkeitsverfahren
  www.youtube.com/watch?v=uHVwYYuLj6U

BuchTipps

Wissen vermehren, heißt täglich zu lesen! Ausgewählte nährende Werke sind dazu hilfreich. Folgende Bücher kann ich dir empfehlen:

- *Flow* von Mihaly Cskszentmihalyi

- *Du bist der Hammer!* von Jen Sincero

- *Was sind meine Stärken!* von Svenja Hofert

- *Die Karriere Bibel* von Jochen Mai

- *Das Aha-Erlebnis* von John Koumios & Mark Beeman

- *Das Leben ist zu kurz für später* von Alexandra Reinwarth

- *5 Dinge die Sterbende am meisten bereuen* von Bronnie Ware

- *Glück kommt selten allein* von Dr. Eckart von Hirschhausen

- *Books are forever: Early Life Conditions* von Giorgio Brunello

- *Entdecken Sie Ihre Stärken jetzt* von M. Buckingham & D.O.Clifton

- *Handbuch der Persönlichkeitsanalysen* von M.Brand, F.Ion & S.Wittig

Information

Du möchtest mehr von der Autorin Carmen C. Haselwanter erfahren? Besuche ihre Homepage und SocialMedienKanäle. Gerne kannst du auch eine Email schreiben. Siehe dazu folgende Kontaktdaten:

Verlag: Creivitá Productions
Email: info@creativita.productions

Instagram: www.instagram.com/carmencreativita/
Facebook: www.facebook.com/Kreativitaetsmanagement/
Homepage: www.carmenchaselwanter.com, www.creativita.productions

Vita von Carmen C. Haselwanter

Die am 24. Juni 1969 geborene Autorin wuchs in einem 2000 Seelendorf am Inn im Herzen von Tirol im Kreis von sorgsamen Eltern & zwei Brüdern auf.

Als aufgeschlossenes, wissbegieriges Kind beobachtete sie die Welt mit wachsamen neugierigen Augen. Als Bücherratte las sie alles, was sie in die Finger bekam. Schon im frühen Alter verspürte sie den Drang die Welt zu bereisen. Während Schulfreunde ein Studium oder Lehrberuf wählten, entschied sie sich als Teenager dafür, das Leben an sich als das wahre Studium anzunehmen.

Carmen C. Haselwanter hatte das Glück aufgeschlossene, moderne Eltern zu haben, die ihren Traum unterstützten. Nachdem sie eine 2-jährige Privatschule erfolgreich abschloss, anschließend als Bonitätsbeurteilerin in einem Versandhaus ihre erste Berufserfahrung sammelte, saß sie mit knapp 17 Jahren im Flieger nach London!

Für Carmen C. Haselwanter begann durch diesen Schritt aus ihrer Komfortzone eine Welt voller Abenteuer und Heraus-forderungen. In der Metropole London, wo sie anfangs als Au-pair arbeitete, erkannte sie die endlosen Möglichkeiten die ihr diese multi-kulturelle Metropole bot. Aufgrund ihrer extravertierten, zugänglichen Art schloss sie schnell mit Menschen aus allen Herrenländern Freundschaft. Dabei war sie von der enormen Vielfalt, die die Menschen – und vor allem Frauen - der verschiedensten Kulturen voneinander unterschied, fasziniert. Als sie in einem jüdischen Altersheim als Assistentin arbeitete, lauschte sie tief bewegt den dramatischen Erzählungen der deutsch-, österreichischen Flüchtigen aus dem 2. Weltkrieg.

Nach 1 ½ Jahren verließ die 18jährige die britische Hauptstadt und zog weiter um die Welt zu erkunden. Dabei sollte Städte wie u.a. Amsterdam, Paris, Athen und Zürich sowie Länder wie Italien, Frankreich und Schweiz zeitweilig ihre Heimat werden, wo sie sich beruflich kreativ entfaltete. Sie verkaufte selbst kreierten Modeschmuck auf Märkten, agierte als Straßen-Musik-Künstlerin, arbeitete als Messehostess und Fremdenführerin in großen europäischen Städten. Damals erkannte sie wie leicht ihr der Zugang zu den Menschen fiel. In dieser intensiven Zeit entwickelte sich ihre seit Kindheit gepflegte Schreiblust zu einem unverzichtbaren Prozess, der ihr dabei half, die Vielzahl an Eindrücken zu verarbeiten.

Von dem Metier Hotelfach fasziniert, arbeitete die Tirolerin diverse Winter-Saisonen in Österreich und Schweiz. Anfangs als Zimmermädchen und später als Rezeptionistin und Direktionsassistentin. Ihre guten Fremdsprachenkenntnisse zeigten sich dabei von großem Nutzen.

Ihre Lust auf das Reisen und Entdecken von neuen Kulturen führte sie mit knapp 24 Jahren zu einem acht monatigen Tramper Trip durch Zentralamerika. Eine eindrückliche Reise, die ihr die unkomplizierte, herzliche Art der Lateinamerikaner mit ihrer leidenschaftlichen Musik offenbarte. Davon fasziniert, fand sie sich auf einem Kreuzfahrtschiff der Reederei Costa Crociere wieder, wo sie als Kapitänssekretärin in Offizier Status durch das karibische Meer schiffte. Zu jener Zeit nahmen die Frauen einen Anteil von knapp 10% der gesamten Crewanzahl von 500 Personen ein. Dieses ungewöhnliche Arbeits- und Lebensumfeld sollte sich für Carmen C. Haselwanter als äußerst lehrreich und interessant erweisen.

Nach ihrer Rückkehr aus dieser schwimmenden Welt begann sie für den österreichischen Reiseveranstalter *Touropa* als Reiseleiterin zu arbeiten. Eine perfekte Kombination, indem sie ihre Reiseleidenschaft mit dem Beruf vereinte. Carmen C. Haselwanter liebte diese unbändige Zeit des Reisens. Die Abwechslung und Herausforderung einer Lösungsfindung mit bis dato unbekannte Probleme war für sie Adrenalin pur. Nach Arbeitsstationen auf den Kanaren, Balearen und in Griechenland fand sie sich als Stationsleiterin auf einer griechischen Insel wieder. Sie empfand eine tiefe Verbundenheit und Sympathie mit dem Land der Götter, die Heimat der Mythologie und dem gastfreundschaftlichen Volk.

In der Zwischensaison absolvierte sie Kurse in der Grafischer Gestaltung & Computer Programmierung. Nachdem ihr Verlangen ihrer Vorliebe für Kreativität Ausdruck zu verleihen immer intensiver wurde, ging sie in die 7 Millionen Stadt Athen. Wenig später fand sich Carmen nach dem

Aussenden von über 250 Bewerbungen (*damals noch alle ausgedruckt und mit der Post verschickt*) in einer kleinen Werbegrafikfirma wieder, wo sie als Webdesignerin dem kreativen Schaffen nachging. Zudem agierte sie als Projektleiterin für Neukundengewinnung aus deutschsprachigem Raum.

Wissentlich, dass jedes Ende ein Neuanfang ist, hielt sie nach neuen Möglichkeiten Ausschau, nachdem sie das Land der Mythologie im Jahr 2002 verließ. Mit 33 Jahren blickte die Weltenbummlerin auf viel Lebens- & Berufserfahrung und spürte das Bedürfnis ihr Fachwissen in einem neuen Feld zu nutzen. Als ihr die Anstellung als Direktions-Assistentin im neueröffneten Casino St.Moritz angeboten wurde, zögerte sie nicht lange. Mit unerschöpflichem Tatendrang betrat sie eine neue Welt voller Gegensätze! St. Moritz, das als *Top of the World* für Luxus und Glamour international bekannt ist.

Die Autorin nutzte aktiv diese Zeit, indem sie Kurse, Fachhochschulen und eine Universität besuchte, wo sie im Jahr 2012 den Abschluss des Masters for Advanced Studies (MAS) berufsbegleitend absolvierte. Als Dissertation behandelte sie das Thema „*Kreativität, die Schlüsselressource der Gegenwart und Zukunft für Kleinunternehmen*". Im Anschluss absolvierte sie die Ausbildung zum Spirituellen Coach sowie zum Business & Systemischer Coach. In der höchst gelegenen Spielbank Europas wurden der Tirolerin nach einander die Positionen des Administration Manager, Human Resources und die Verantwortung des Marketing Manager anvertraut.

In dieser Zeit entdeckt sie eine weitere ihrer Leidenschaft: Das Event-Management, wo sie ihrer Kreativität freien Lauf lässt. Zeitgleich gründete sie das Unternehmen „*Creativitá*", in welcher sie Kreativitätsmanagement in den Bereichen Living, Writing, Photos und Coaching einfließen lässt.

Für die Creative Managerin ist jeder Mensch kreativ. Der Unterschied liegt in dem Erkennen und dem individuellen Nutzen. Dazu meint sie: „*Wir alle tragen eine tiefe Kreativität in uns. Nur lässt nicht jeder dieser ihren Raum.*"

Nachdem Carmen C. Haselwanter für 1 ½ Jahren die Funktion der Vizedirektorin einnahm, übernahm sie per Juli 2014 als Direktorin die Geschäftsleitung des Casino St.Moritz und wurde die zweite weibliche Direktorin der Casinos Austria International Gruppe. Seitdem fungiert die

Österreicherin in dieser Position und findet diese Tätigkeit jeden Tag aufs Neue spannend, da ihr der direkte Kontakt mit Menschen viel Spaß, Freude bereitet und Inspiration schenkt.

Ein elementarer Teil in dem Leben der Künstlerin ist die eigene Kreativität auszuleben. Dies tut sie, indem sie als Fotografin, Künstlerin (Holz dient dabei als bevorzugtes Material), Schriftstellerin und Bloggerin dieser Leidenschaft Ausdruck verleiht. Dass die Summe ihrer Erfahrungen in Büchern nun Zugang zu den Menschen findet, erfüllt sie mit Stolz! *„Ich bin enorm dankbar, dass mein Leben mit so viel Vielfalt, Möglichkeiten und Glück gefüllt ist. Es ist mir ein tiefes Bedürfnis, Menschen – gerade Frauen - mit meinen Worten und Erfahrungen Mut zu machen. Ich möchte ihnen aufzuzeigen, dass jeder Mensch nach den Sternen greifen kann. Entscheidend ist es, den Entschluss zu fassen und täglich mindestens einen Schritt in diese Richtung zu gehen!"*

Ganz nach Carmens Lebensmotto: *„Alles ist möglich, solange der Mensch seine eigenen Mauern überwindet!"*

Dankeschön!

Ich möchte mich an dieser Stelle ganz herzlich bei den vielen Unterstützern bedanken, die mich bei diesem Buchprojekt motiviert und inspiriert haben.

Ein grosses Dankeschön gebührt meinem wundervollen Mann & Mr. Right Frank, meiner tollen Familie, meinen phantastischen Freunden aus aller Welt wie u.a. Marina, Monica, Ero, Inga, Tineke & Phil sowie meinen Partnern wie u.a. Rebecca, Billy & Olga. Zudem ein grosses Merci an Ernst C., der mir mit seinen fachmännische Ratschlägen & Tipps sehr bei der Erstellung meiner Bücher weitergeholfen hat sowie an Rita M. die mich über die Jahre sehr gefördert hat. Und natürlich ein herzliches Dankeschön an all meine internationalen Sympathisanten, Follower, Unterstützer & Fans.

Euch allen sind meine Werke gewidmet!

Ich fühle mich reich beschenkt und bin enorm dankbar über die wundervolle Begleitung und Unterstützung von euch allen!

Weitere Werke

Von der Autorin Carmen C. Haselwanter, die u.a. als Coach, Fotografin, Projektleiterin, Creative Managerin, Künstlerin, Unternehmerin und als Geschäftsführerin aktiv ist, sind folgende Publikationen veröffentlicht:

Lust... vollends Frau zu sein? Auch in dir steckt eine Vollblutfrau.
ISBN: 978-3-907151-01-3 *(BuchAusgabe zudem in Englisch & Russisch)*

Lust... auf Mr. Right?
ISBN: 978-3-907151-02-0

Lust... auf Erfolg? Vom Au-Pair zur Casino Direktorin in St.Moritz
ISBN: 978-3-907151-03-7

Come, I'll show you how beautiful Engadin St.Moritz is... in Summer
Komm' ich zeige dir, wie schön Engadin & St. Moritz ist... im Sommer
ISBN: 978-3-907151-05-1

Come, I'll show you how beautiful Engadin St.Moritz is... in Autumn
Komm' ich zeige dir, wie schön Engadin & St. Moritz ist... im Herbst
ISBN: 978-3-907151-00-6

Spende

Mit dem Kauf dieses Buches hast nicht du dir selbst etwas Gutes getan oder jemanden anderen eine Freude bereitet, sondern auch gleichzeitig gespendet. Genau! Wie das?

10% des Buchpreises gehen an karitative Einrichtungen!
Die Autorin Carmen C. Haselwanter spendet seit Jahren an karitative Institutionen wie *Ärzte ohne Grenzen*, *WWF*, *Greenpeace* sowie an zahlreiche kleinere Organisationen. Ebenso unterstützt Carmen C. Haselwanter Mädchen mit einer Patenschaft in Ländern wie Bali, Tibet/Indien etc.

HERZLICHEN DANK !

Du bist mit einem **Potenzial** geborgen worden.

Du bist mit **Güte** und **Vertrauen** geboren worden.

Du bist mit **Idealen** und **Träumen** geboren worden.

Du bist mit **Grösse** geboren worden.

Du bist mit **Flügel** geboren worden

Du bist nicht zum Kriechen geboren,
also krieche nicht.

Du hast Flügel!

Lerne, sie zu gebrauchen

&

fliege!

Rumi